DISCLAIMER

The author and publisher are providing this book and its contents on an "as is" basis and make no representations or warranties of any kind with respect to this book or its contents. The author and publisher disclaim all such representations and warranties, including but not limited to warranties of merchantability. In addition, the author and publisher do not represent or warrant that the information accessible via this book is accurate, complete, or current.

Except as specifically stated in this book, neither the author nor publisher, nor any authors, contributors, or other representatives will be liable for damages arising out of or in connection with the use of this book. This is a comprehensive limitation of liability that applies to all damages of any kind, including (without limitation) compensatory; direct, indirect, or consequential damages; loss of data, income, or profit; loss of or damage to property; and claims of third parties.

Copyright © 2022 LINGUAS CLASSICS
BESTACTIVITYBOOKS.COM

All rights reserved. No part of this book may be reproduced or used in any manner without the written permission of the copyright owner except for the use of quotations in a book review.

FIRST EDITION - Published 2022

Extra Graphic Material From: www.freepik.com
Thanks to: alekksall, Starline, Pch.vector, Rawpixel.com, Vectorpocket, Dgim-studio, Upklyak, Macrovector, Stockgiu, Pikisuperstar & Freepik.com Designers

This Book Comes With Free Bonus Puzzles
Available Here:

BestActivityBooks.com/WSBONUS20

5 TIPS TO START!

1) HOW TO SOLVE

The Puzzles are in a Classic Format:

- Words are hidden without breaks (no spaces, dashes, ...)
- Orientation: Forward & Backward, Up & Down or in Diagonal (can be in both directions)
- Words can overlap or cross each other

2) ACTIVE LEARNING

To encourage learning actively, a space is provided next to each word to write down the translation. The **DICTIONARY** allows you to verify and expand your knowledge. You can look up and write down each translation, find the words in the Puzzle then add them to your vocabulary!

3) TAG YOUR WORDS

Have you tried using a tag system? For example, you could mark the words which have been difficult to find with a cross, the ones you loved with a star, new words with a triangle, rare words with a diamond and so on...

4) ORGANIZE YOUR LEARNING

We also offer a convenient **NOTEBOOK** at the end of this edition. Whether on vacation, travelling or at home, you can easily organize your new knowledge without needing a second notebook!

5) FINISHED?

Go to the bonus section: **MONSTER CHALLENGE** to find a free game offered at the end of this edition!

Want more fun and learning activities? It's **Fast and Simple!**
An entire Game Book Collection just **one click away!**

Find your next challenge at:

BestActivityBooks.com/MyNextWordSearch

Ready, Set... Go!

Did you know there are around 7,000 different languages in the world? Words are precious.

We love languages and have been working hard to make the highest quality books for you. Our ingredients?

A selection of indispensable learning themes, three big slices of fun, then we add a spoonful of difficult words and a pinch of rare ones. We serve them up with care and a maximum of delight so you can solve the best word games and have fun learning!

Your feedback is essential. You can be an active participant in the success of this book by leaving us a review. Tell us what you liked most in this edition!

Here is a short link which will take you to your order page.

BestBooksActivity.com/Review50

Thanks for your help and enjoy the Game!

Linguas Classics Team

1 - Antiques

```
R H F D E L E G A N T A N W S G
N X G P E N A K I T N J G W T X
U A A J I C A R U A T S E R I U
M J M K E Đ E J N A G A L U L K
L I I Đ O O N Č I B O E N E R
M C K D E S T S I A B G W S V A
A K S G Z Š N C B J E X Q I U S
R U N X B C T V S I E O Q G K N
U A T V S Y P A C R A T S Y F O
T L E E K R G C J E C L H P D B
P S T T N U Q F X L O P U Y C F
L M I I M T K O V A N I C E R W
U F L I I N I P I G C I J E N A
K J A Đ Y E X Č Y R P Y U V N K
S B V A I C A X N T Đ Đ F X T Q
N X K M R Q Y T S O N T E J M U
```

UMJETNOST
AUKCIJA
AUTENTIČNO
CENTURY
KOVANICE
DECENIJE
UKRASNO
ELEGANTAN
NAMJEŠTAJ
GALERIJA
ULAGANJE
NAKIT
STAR
CIJENA
KVALITET
RESTAURACIJA
SKULPTURA
STIL
NEOBIČNO

2 - Food #1

```
M R K V A G F W M M J R N B O Đ
A T A L A S Z W V A A E L U K T
Č A D S Đ T O F E R C P T M E U
E N A E Đ S S Z T E J A M R J N
J I A I L I M U N L G A F J I A
Đ P B K B C V C C I S J G F L A
T Š M I Š E Ć E R C P P R O M V
A N V R V U S F P A J V X T D C
N E L I M M R Č E Š N J A K R A
M L E K Z F Q K C Đ M E W Q Đ V
D V P I J B Z O U Đ N P A W D E
O O E K H A Q Q A W F Z L N P P
P Đ S O K S G V A Đ T K T I C T
D J P T E I W S P F K A K Q X I
S U P A Y L E W Y M Y S S L S H
C I M E T E Y C C R N V O M Q Đ
```

MARELICA
JEČAM
BASILE
MRKVA
CIMET
ČEŠNJAK
SOK
LIMUN
MLIJEKO
LUK

KIKIRIKI
KRUŠKA
SALATA
SO
SUPA
ŠPINAT
JAGODA
ŠEĆER
TUNA
REPA

3 - Measurements

```
C T O N A J C D C G I W M Š V U
N E L I T A R T U Z K F E I U S
Q I N T R H U H S B S S T R D Đ
I N E T T Q R E T L I S E I Đ L
S L V I I Q Q B E R Y N R N V T
T A C J L M J V P E J P A A A V
B M Z T F A E A E R K U N C U Q
A I H C T R Q T N C X K I J C T
J C N R R G I G A A N I Ž E T M
T E W C M O A B B R O L U Q I A
X D Đ R H L H T J X M O D G Z S
H T Z I M I A M B U I M O K G S
S U H R Z K Y F P Z N E T B F W
W Đ D V O L U M E O U T F Z E N
G R A M B G M G Z Z T A M F Q X
U N C A N I S I V Q A R X Z U O
```

BAJT
CENTIMETAR
DECIMALNI
STEPEN
DUBINA
GRAM
VISINA
INCH
KILOGRAM
KILOMETAR

DUŽINA
LITAR
MASS
METER
MINUTA
UNCA
TONA
VOLUME
TEŽINA
ŠIRINA

4 - Farm #2

```
K X K F V W H B V P S U Đ K W Ž
N O J J N C R A I O W F X C Y I
Q B Š P E R P R F Đ Ć Q V R U V
K K L N G C O N A C I N E Š P O
P U J K I L I V A D A L J H G T
K W K Z O C J L W K W L N A A I
O C V U S J A Y Đ S N A A K K N
V Y E K R I T S A P K M V T H J
V O Ć E V U S H P B P A A A L E
F A R M E R Z O H T P Z J P Z Q
I X V J T R A K T O R V N K X P
R R O A O V C E O P P R D P E I
W G P M A Č E J H A C D O K V H
Z E E B Z Z D I W H X Đ V C P K
T X F U R X Đ L R Q N Đ A R Đ Z
H R A N A G Z M F O K H N R B E
```

ŽIVOTINJE
JEČAM
BARN
KOŠNICA
KUKURUZ
PATKA
FARMER
HRANA
VOĆE
NAVODNJAVANJE

JAMB
LLAMA
LIVADA
MLIJEKO
VOĆNJAK
OVCE
PASTIR
TRAKTOR
POVRĆE
PŠENICA

5 - Books

```
D A U T O R P O E Z I J A I F I
T U N R Y B F C R K G T Č C B N
N R A M E O P A L Q B G I A A V
N A A L B S D W Y T H P R P P E
A J R G I K S P E V R K P W L N
P I U A I T S K E T N O K T L T
I R T M T Č E M B J Č I T A Č I
S E N E K O N T S Z M W S K A V
A S A L L O R O K Y B J E R L N
N Q V Z X E A F J F D H E I E O
O J A C I N A R T S O S J B G I
K N J I Ž E V N O N E P B Z O E
M W W X H I S T O R I J S K I M
N O I G Q M C U X J P W C B K C
H U M O R A N B T M X G S J N Q
R O M A N N J O Z V N Y Z R L Z
```

AVANTURA
AUTOR
ZBIRKA
KONTEKST
DUALITET
EPSKI
HISTORIJSKI
HUMORAN
INVENTIVNO
KNJIŽEVNO
NARATOR
ROMAN
STRANICA
POEMA
POEZIJA
ČITAČ
SERIJA
PRIČA
TRAGIČNO
NAPISANO

6 - Days and Months

```
F J W R P H J A P R I L C R J S
W E D P O Y A M Q B L U S A G E
J G B S K R N J G V U P U B C D
Q O I R W Q U U D M J A F M O M
J D A A U K A F T M J E S E C I
Z I M B Y A R G S O Đ V A V K C
S N A O C V R J U R R J E O I U
U A R T A J H N G R V A G N Y B
B L T K S R V A V Q Y R K W B R
O G L O L A W D A J L E J D E N
T Q P G A D E J I R S Q C F E B
A O P P O N E D J E L J A K V Q
S Z O E U E Đ K U M K U A Q K X
C G C K T L W B Z G K N A L G K
Y T F Đ R A B M E T P E S W A G
Đ G X E L K K A T R V T E Č Y N
```

APRIL
AVGUST
KALENDAR
FEBRUAR
PETAK
JANUAR
JULI
MART
PONEDJELJAK
MJESEC
NOVEMBAR
OKTOBAR
SUBOTA
SEPTEMBAR
NEDJELJA
ČETVRTAK
UTORAK
SRIJEDA
SEDMICU
GODINA

7 - Energy

```
P U A R P K B O E L N L O E E E
T O P L O T A R A P U M K L L N
I N D U S T R I J A K B R E E T
G O R I V O O Z H N L E U K K R
V E O V J B U M S I E N Ž T T O
J S F E X X W T G B A Z E R R P
E P Z B F V U N F R R I N I O I
T F P Đ Đ X G Z X U N N J Č N J
A E O L G I L A B T I W E N A A
R Z G T X M J G F A F Đ Q I X U
N T J N O Z I A U I T A X U M B
V O D I K N K Đ C Đ O E Z G F C
D K M I Đ P E E U A C Đ R H V O
A I W E H E W N J G N N F I Đ W
K T N T O V I J L V O N B O J N
D I Z E L V O E G Đ Q Z W A A A
```

BATERIJA
UGLJIK
DIZEL
ELEKTRIČNI
ELEKTRON
ENTROPIJA
OKRUŽENJE
GORIVO
BENZIN
TOPLOTA

VODIK
INDUSTRIJA
MOTOR
NUKLEARNI
FOTON
ZAGAĐENJE
OBNOVLJIVO
PARA
TURBINA
VJETAR

8 - Archeology

```
U U R O B J E K T I T S O K K G
E T C X N R A A A N A L A Z I R
R A X H I G J M Z J R H K T Đ O
A N W O B U I O I X N Z H Q F B
Đ Z F M P C C T L A S Č U E W N
D O T D Y O A O A P S I U F L I
M P M I C M Z P N E D N K R D C
R E L I K V I J A V G T T A T A
Z N I N T G L Q T P D S N P W S
I R S V M M I M I S T E R I J A
F P O E T E V R B B L A P M K K
G H F R F T I F R A G M E N T I
A G W D D S C U I B N A I B K T
I S T R A Ž I V A Č Đ R J T Z N
P R O C J E N A P P Y H H K C A
L G D E X L B G C S I L Z O W Z
```

ANALIZA
DREVNI
ANTIKA
KOSTI
CIVILIZACIJA
POTOMAK
ERA
PROCJENA
STRUČNJAK
NALAZI
FOSIL
FRAGMENTI
MISTERIJA
OBJEKTI
RELIKVIJA
ISTRAŽIVAČ
TIM
HRAM
GROBNICA
NEPOZNAT

9 - Food #2

```
I A B P O U S E Z F I X R S J B
U W J O A V I J L G X L K X Z R
Z H Q D D R B A N A N A J B L O
I D H N A N Ž D I L T A P S K
X U J G L G H D G F L Y B E J U
T H Y P O F L S A J S N U L T L
Z U B Đ K Q L J N J N A K Z A A
R C U V O X R J G P Z A A M Y J
X F N Č V A E H Q Š O K O K N
H I P I X N D B K D Q E J A J Š
E O N T S Y X Đ I Đ T Đ N Z Đ E
A R T I Č O K A V R I Ž A I C R
Đ T C E L E R S I V H O G N C T
Š U N K A C T I S D J R K D Đ A
K F D Q N U J R V H I G C F C O
B O R J O G U R T S K Q N S Q V
```

JABUKA
ARTIČOKA
BANANA
BROKULA
CELER
SIR
TREŠNJA
KOKOŠ
ČOKOLADA
JAJE

PATLIDŽAN
RIBA
GROŽĐE
ŠUNKA
KIVI
GLJIVA
RIŽA
PARADAJZ
PŠENICA
JOGURT

10 - Chemistry

```
I G Q V W U A V T M A B I D F K
D R B Đ U F T U Y O S A G E B A
T V L V J T O T E H P X Đ P W T
C V B E G H M H I Y X L L E P A
T E Ž I N A S C L D Y U O H U L
N K Đ Q S Z K H A N Đ T P T H I
O U C R B H I C H L K O K T A Z
R D K I J L G U E N K O A F T A
T M I L L O K I S I K A D Y S T
K V D F E R C Y V M Q Y L B W O
E A O L V A L U K E L O M N H R
L T V C Q H R F N U G U X B A M
E D H O C U Đ N O R G A N S K I
L I Q U I D A N I L E S I K P Z
R E Z G T E M P E R A T U R A N
D H Đ G H S V L Đ E U K S B M E
```

KISELINA
ALKALNA
ATOMSKI
UGLJIK
KATALIZATOR
HLOR
ELEKTRON
ENZIM
GAS
TOPLOTA

VODIK
ION
LIQUID
MOLEKULA
NUKLEARNI
ORGANSKI
KISIK
SO
TEMPERATURA
TEŽINA

11 - Music

```
M P S J P S W K A E C H P L R T
E J L I I T N H Q J F V T I I C
L E X K N E S I H A L O P R T T
O V N N S G L D M U B L A S M N
D A A E S O E I S A F Q O K I B
I T W F I H J R X U N S T I Č D
J I I P R A Č I Z U M J N Y K L
A N O F O R K I M M A X E B I R
V O Y P W M L I A H R N M Y W M
O F U R Z O A V S V W T U Đ O J
K V A J I N O M R A H L R Đ P U
A L J R M I E A V S L M T H E Z
L L Đ J T K Đ T D S U K S O R I
R A D P O E T I K A C J N R A K
K B A L A D A R E X P L I I W L
T E E T M J M I U J X K G L I H
```

ALBUM
BALADA
HOR
KLASIKA
HARMONIK
HARMONIJA
INSTRUMENT
LIRSKI
MELODIJA
MIKROFON
MJUZIKL
MUZIČAR
OPERA
POETIKA
SNIMANJE
RITAM
RITMIČKI
PJEVATI
SINGER
VOKAL

12 - Family

```
N N B M D X T B X R P D D S Đ J
E D V C F I V L I O W J P M E R
Ć S R N L R J K S Đ E E U N U K
A K R E Ć K X E T A B T F Đ E M
K A A R T S E S T K D I D R M N
I D K C V J G N E E J N R Đ F E
N E S F E G O B E Đ E J T Đ F Ć
J R N D P J J Q F A D E J E M A
A P I U B I D H G F O J E A A K
B V Č A H K X W U U N U Č E J A
U R J F P U O R R G F B A C K J
B L A N R E T A P P X P E J A U
N D M T C C C K U S U P R U G A
X Q P W E T J T S D T V G C L C
S M P N T A Đ E L H Đ U K L F F
G B P I K W H T P S R S N X Z Y
```

PREDAK
TETKA
BRATE
DIJETE
DJETINJE
DJECA
ROĐAK
KĆERKA
UNUČE
DJED

UNUK
SUPRUG
MAJČINSKA
MAJKA
NEĆAK
NEĆAKINJA
PATERNAL
SESTRA
UJAK
SUPRUGA

13 - Farm #1

```
A Y Z E G Đ A T V Q P Y Đ V J
M H A D O V G A F K Z M U V I X
T O D W B E T R Đ S Đ A L E Č P
E B E U U T E Z I B I G Y E U H
L N R O I P G X T Ž W A K Č A M
E Q V R W S Z X A V A R K C O G
N L I Đ U B R I V O S A Q G A B
O G R A D A V R A N A C C F U V
Z L P T E S I J E N O Đ G N L P
I H O Q M P F N Y V C E Đ N C P
B B J Z D Š O K O K M L P N U I
N U L P F X C L K B D T H U H I
N K O Z A C B R J O U I N V T R
Q M P T S J E M E E N U W H P O
A Y N B A P P L X P N J D W J V
B E M Đ P H V D T E Q T S P R Y
```

POLJOPRIVREDA
PČELA
BIZON
TELE
MAČKA
KOKOŠ
KRAVA
VRANA
PAS
MAGARAC
OGRADA
ĐUBRIVO
POLJE
KOZA
SIJENO
MED
KONJ
RIŽA
SJEME
VODA

14 - Camping

```
T Š U Ž E Ć E V R D K J R T K W
K V E J U V O D W B W D E K A P
C O R Š P L A N I N A Đ R C B B
O L M I I Ž I V O T I N J E I B
M K B P N R D R C G M A E S N W
M Š B L A S K U U K G K W E A W
A A X B D S E L M X A Z U J V H
H T Y Q O N Z K E P C P E M A U
A O W N R O A A T S F C R S B C
W R L D I U Z K R E C T F S A G
W R A O R E Z E J G M Y D I Z J
C A D A P A M M Z P A L I M U P
D O Z K V U H W Y D M Q A W X V
X U N G O T E L A R U T N A V A
B U J H D Đ N L T C Š J R J C L
F H S H E V K A N U D I B Y W C
```

AVANTURA
ŽIVOTINJE
KABINA
KANU
KOMPAS
PALI!
ŠUMA
ZABAVA
HAMMOCK
ŠEŠIR

LOV
INSEKT
JEZERO
MAPA
MJESEC
PLANINA
PRIRODA
UŽE
ŠATOR
DRVEĆE

15 - Algebra

```
M O V T X O F B J D Y F F V R E
P A T P P Đ A O F G J A O A J X
R D T R O J R E R S X L D R E P
O A P R J J G Q A M U S E I Š O
B R U K I M E C N J U E W J E N
L G U H G C X D O T D L T A N E
E A X T J E A S N Z C F A B J N
M Z G B R J Q A D O O S E L E T
B E S K O N A Č N O S D Z A S T
C F B Y T A N N U L A T Đ Đ T A
W C M I K M I P H N A G A X I Z
F X J D A I Č C V F B P M V Đ J
Q A Đ J F Z I R N Z P J H Y I C
S W F Q K U L J E D N A Č I N A
S K A T A D O D I J A G R A M Y
C R C J W O K B R O J O W T D N
```

DODATAK
DIJAGRAM
JEDNAČINA
EXPONENT
FAKTOR
FALSE
FORMULA
GRAF
BESKONAČNO
MATRICA

BROJ
ZAGRADA
PROBLEM
KOLIČINA
POJEDNOSTAVI
RJEŠENJE
ODUZIMANJE
SUMA
VARIJABLA
NULA

16 - Numbers

```
D S D Y O X G D D P V E Š P O
S V C V K Đ E V E P N T E E K
Q Đ A G A W D A V J O X D T U
R Đ Y N A D E J E X X A A I N B
Y Q B X A T E P T P E Đ M R A K
F S W J Q E U S S A B L N I E I
G J I C D U S F E C L R A N S P
Y K P B R U V T A T E P E L T O
Q G B V T S E A N S E Š S A Đ S
F H X I S O J S R Y P J T M Y A
X J W H E T O J T F L Đ L I D M
C O E M A D E S E W G A W C G N
Đ B E A N Z E S Č K H L J E R A
S Z Q S I R T S E Š E N J D V E
L Y Đ O R L X A O D R Q X D U S
D E V E T N A E S T J W O A D T
```

DECIMALNI   SEDAM
OSAM   SEDAMNAEST
OSAMNAEST   ŠEST
PETNAEST   ŠESNAEST
PET   DESET
ČETIRI   TRINAEST
ČETRNAEST   TRI
DEVET   DVANAEST
DEVETNAEST   DVADESET
JEDAN   DVA

17 - Spices

```
F P F R F C O S Y N A S N Đ L R
L E V O L C U I Y R E B E B O Đ
M Y N S I Đ C R S S E Z H G P J
S U K U X M U Y R E R F E P B X
Y T Š Z G G W Đ S Y U H J E C T
R K A K I R P A P X H W D I X A
K A J U A T E N L D G I T Đ C N
O C I L L T S E V A D H U G O I
M G L Z X C B Q K A R O G E R S
O L I L E I K A R D A M O M I R
R J N Đ G M A U E A W A K M A K
A T A S I E J B Y U X Z T Đ N P
Č P V V T T N A R F A Š A N D I
G I N G E R Š U Q E I D L A E V
I D U Q V Đ E W V N F E S B R L
M R R F P L Č C U M I N A G I K
```

ANIS
GORAK
KARDAMOM
CIMET
CLOVE
CORIANDER
CUMIN
CURRY
KOMORAČ
FENUGREEK

UKUS
ČEŠNJAK
GINGER
MUŠKAT
LUK
PAPRIKA
ŠAFRAN
SO
SLATKO
VANILIJA

18 - Universe

```
M H T A M A T V H T E R B J C E
C O S S V A J I C I T S L O S O
H R N T T N U D C A I D O Z N N
E B A R Y E A L I C Y Y Đ G V L
M I W O K B U J M J E S E C A A
I T U N F O N I S O L A R N O T
S A S O T G R V O H N U U F X I
F J A M A E J F C E J K M T Đ T
E I K I R S L H O R I Z O N T U
R S A J E N T E B S Z Y N N Y D
A K E A F M E E S L L H O H V E
B A X D S B F B R K Y Q R R O M
W L Y J O N V D E O O C T X D Q
G A I Đ M C D V Đ S I P S D M T
V G V O T S T Z F E K D A R K K
U M Q U A Q H U M G H I B K C L
```

ASTEROID
ASTRONOM
ASTRONOMIJA
ATMOSFERA
NEBESKI
COSMIC
TAMA
EON
GALAKSIJA
HEMISFERA
HORIZONT
LATITUDE
MJESEC
ORBITA
NEBO
SOLARNO
SOLSTICIJ
TELESKOP
VIDLJIV
ZODIAC

19 - Mammals

```
O P Y P S P C X Đ Y K B K K O A
M V V A F A R I Ž H J J E P E T
Q A C S W O C F K C U U N O H U
F L E E Z E C Q Đ M A U G X X Y
B G P Đ J T I Q B H A N U U I P
K K L I Y T N J P S R Č R B P Y
N W G R C J L N J N B Y K U V M
Y S O Q F F K E L A E L I A T A
Đ Y R K O J O T E L Z K B Y U J
I O I K P T O X I K V Q C I X M
L X L D E L F I N O W V F W Đ U
R I A L P Đ H B C N H S Q X O N
P F S L S X W L V J H H B Y E D
Y G V I K D K I T C F V S L O N
E I C P C S C M E U I O H J E R
U Y M I U A V U B I V E R A E B
```

BEAR
BIVER
BIK
MAČKA
KOJOT
PAS
DELFIN
SLON
LISICA
ŽIRAFA
GORILA
KONJ
KENGUR
LAV
MAJMUN
ZEC
OVCE
KIT
VUK
ZEBRA

20 - Bees

```
E L B N O P O L E N C C F R X S
V G R L M X Y R K V V Q P A C O
S N K I C L B F J R I Q G Z H F
S U N C E B I D L Y J H E N U C
B I U C I L I C I N E E E O I N
K O R I S N O B B G Ć M T L V P
W A X L K E O T A O E Đ Š I V Q
O U W H R A N A D Š C I I K Z L
P D Q U V C B S A B T S N O R C
R E Đ Y R I V P J C L A A S N C
A Q R D M J O Z C Z F O T T R A
Š T X G E L G M E T S I S O K E
I U Q C S A K I N Y S H Q S J M
V G E Z M R Q D E M X D L P O S
A P X K T K E S N I V O Ć E R M
Č E Z G Q C R Q S Đ L D J A X D
```

KORISNO
BLOSSOM
RAZNOLIKOST
EKOSISTEM
CVIJEĆE
HRANA
VOĆE
BAŠTA
STANIŠTE
HIVE

MED
INSEKT
BILJKE
POLEN
OPRAŠIVAČ
KRALJICA
DIM
SUNCE
ROJ
WAX

21 - Photography

```
P B N G K E Q P K K Đ R P R O C
R O E V P Đ S C O P T W C A K R
Z X R A J I C I N I F E D S V N
G L C T T W K J T E I V M V I A
Y Đ D S R A Q U R Z A I H J R P
C D W A A E M G A K J Z W E J E
D B M S I N T A S A Y U P T Z R
T E K S T U R A T M K E S A A S
E Z U I A S G J S E A L L B L P
M U Đ B Š G M P P R O N K Ž K E
D F X O K Q T Q R A B I P O Y K
E V Đ J E S E L J U J D U L A T
R R G A M L J I R D E B Đ Z M I
P C W X O A Y E L M K J R I M V
F O R M A T A J N F T H X D S A
P B Q T Q V Q S Q E D Z X S N R
```

CRNA
KAMERA
BOJA
SASTAV
KONTRAST
TAMA
DEFINICIJA
IZLOŽBA
FORMAT
OKVIR

RASVJETA
OBJEKT
PERSPEKTIVA
PORTRET
SJENE
OMEKŠATI
PREDMET
TEKSTURA
VIZUELNI

22 - Weather

```
A U R N S U H O D A N R O T N H
M T I N R Đ D B D E M H W L O U
A S M B M Z O E E A D I V L L S
G K Q O Q A U N B I N N L K U Q
L K N U S N O M M U N J A K J U
A D U G A F P O P L A V A U A R
R O E T X L E S U Š A P Z N R A
S N T L K S U R J V R O E A N G
W R I R X D T A A Y G L U M B A
T E M P E R A T U R A A M L U N
I D Q R K N F E P Y H R H Y X P
Đ N F A W G X J W W O W I O E G
B U H Q G C L V G L J C M O M Y
X H R U K H D X Đ G Z Q P F W Y
V T O C H T H I C V T R H R S N
O B L A K O B L A Č N O Z P G Q
```

ATMOSFERA
KLIMA
OBLAK
OBLAČNO
SUŠA
SUHO
POPLAVA
MAGLA
URAGAN
LED

MUNJA
MONSUN
POLAR
DUGA
NEBO
OLUJA
TEMPERATURA
THUNDER
TORNADO
VJETAR

23 - Adventure

```
P F Đ M O E Q I A N O V O Q D Y
A R T S S T T Z K F I Z Z W L Z
Y V I A K Š F A T L L I Y T N R
B X O P V I F Z I Q D T B S I Q
L W Y U R D E O V G Z I R Z J E
S K R F R E Z V N Y O N B J L E
Y C C A F R M I O D M E W Z E E
L C S S D D L A S P P R V J T N
I Z L E T O X A T Z B A H T A Z
L Š S Y F T S O R B A R H C J D
J T A V I W I T S O N R U G I S
E E H N P R I R O D A K V X R V
P Š H Q S Đ Q U A C V A V D P W
O K P Z J A J I C A G I V A N R
T O O P A S N O O K B N A Q W U
A N E O B I Č N O P R I L I K A
```

AKTIVNOST
LJEPOTA
HRABROST
IZAZOVI
ŠANSA
OPASNO
ODREDIŠTE
TEŠKO
IZLET
PRIJATELJI

ITINERAR
RADOST
PRIRODA
NAVIGACIJA
NOVO
PRILIKA
PRIPREMA
SIGURNOST
NEOBIČNO

24 - Geology

```
M I N E R A L I N K M M G X Y P
H P F Z E M L J O T R E S W Đ B
E R O Z I J A K G P O V H U S X
C I K L U S I V K R I S T A L I
P R H A V A L A Z I V A N E N L
W B V R R J G R T Z U L E T K O
M K Q O I I F C O J L I N A G K
D M T K S C M A Đ E K Z I L Đ Q
F O S I L L T Y F G A B T P C G
S S H M T A O L N V N S N N C K
B T I Đ I K C J V O T O O I E S
Đ O O C F F A E G Q U R K F L J
N W V N K X M L P E Ć I N A W X
S H Đ Q E R I W A N I L E S I K
Y H J J M P Y K H T Z E W B C R
V J R F B M T A S W S G P U Z Y
```

KISELINA GEJZIR
KALCIJ LAVA
PEĆINA SLOJ
KONTINENT MINERALI
KORAL PLATEAU
KRISTALI KVARC
CIKLUSI SO
ZEMLJOTRES STALAKTIT
EROZIJA STONE
FOSIL VULKAN

25 - House

```
N I M A K X S I S Y U A H Q N V
N A M B S E F O I N O Đ S T O I
E V M U L G L E B Q G C Y H B R
Đ R Y J F Đ O D Đ A L J F S I T
N X P Đ E Đ O Y E S E J V A Z O
T N J W U Š R T N T D I Z J M G
A J S E D U T V P T A T A R V R
O L A L V T W A E L T E M O A
T A V A N K N K J B O P Š U R D
T K Y A F L P R O Z O R P A K A
Q T D H E J C M G R O Q F Ž B P
K B S U R U L Y L K G P J A K U
H H N Q B Č A J N I H U K R O H
R V S P Z E M K N O L J N A O P
N S K W R V P Z V I M R D G M D
W K L J J E A K E T O I L B I B
```

TAVAN
METLA
ZAVJESE
VRATA
OGRADA
KAMIN
FLOOR
NAMJEŠTAJ
GARAŽA
BAŠTA

KLJUČEVE
KUHINJA
LAMPA
BIBLIOTEKA
OGLEDALO
KROV
SOBA
TUŠ
ZID
PROZOR

26 - Physics

```
S Y A C H R E L A T I V N O S T
O E L S E J N A Z R B U M N A W
L F U V M M K F X O P F A U G Y
P A K H I E E R T T M G Z V K R
A O E L J U B H B O B V I M Z A
N T L W S Č X Z A M Đ A T H E E
I V O D K N E P Z N Đ L E M C C
T E M M I D Đ S W I I V N A E M
S V L Z I P V R T V W K G S Z T
U A H A O S O B P I M Y A S V A
G L B R Z I N A M V C Y M K H A
H U N U K L E A R N I A H D G B
V M E L E K T R O N D H K B Y O
P R O Š I R E N J E Q M C L W N
U O U Č E S T A L O S T R E L O
I F J U N I V E R Z A L N I A F
```

UBRZANJE
ATOM
HAOS
HEMIJSKI
GUSTINA
ELEKTRON
MOTOR
PROŠIRENJE
FORMULA
UČESTALOST

GAS
MAGNETIZAM
MASS
MEHANIKA
MOLEKULA
NUKLEARNI
ČESTICA
RELATIVNOST
BRZINA
UNIVERZALNI

27 - Colors

```
K Q S H V Đ P S J E E P C H P W
C S I V A I R Đ L L H M B Đ U U
F R S H I P O J R L D D Z X R Z
V N N J N C F L Ž F Q W E Y P E
Y A B A D R Y Y E E B G Đ S U L
C R D V I V Q X B T E Z O R R E
H A I A G E Ž U T O L M B Z N N
F N V L O N B Q Y K A C X H O O
U D G P M W R F X O W Y B Đ Y D
K Ž K K W R O M H Z I A D A H L
S A V A S I W T N C W N B W Đ W
I S O B U E N M A G E N T A Đ X
J T K X I R P K T K T S H T W O
A O P Đ N U H I W H U F W I U H
K S Đ I O Z B W A F W B T C Y D
E I X W P A I X G N Đ F K J C Q
```

AZURE
BEŽ
CRNA
PLAVA
BROWN
CYAN
FUKSIJA
ZELENO
SIVA
INDIGO
MAGENTA
NARANDŽASTO
ROZE
PURPURNO
CRVEN
SEPIA
VIOLET
BELA
ŽUTO

28 - Shapes

```
T A R D A V K G U P C Z A U X P
Đ B R X Đ W I W G R C J N J W R
M F C C W G R T A I A O A X L A
A I V W S D A P O S L C N F B V
P I R A M I D E A M I J I E V O
M G C U T V N G G I N Z V Y S U
S T R A N A I O U X I T I E K G
G A F Z K T L Đ O H J K R R I A
G I C K H U I A R F A R K Q T O
A V L X R C C A T V W U X Y N N
S E L I P S A K M V U G Y Đ O I
I T O F A A L O B R E P I H V K
O V X L E P E C T U N S T P A K
J Z I D T S T K H Đ E O R W L Z
Y T H C I B D A R Q Đ B J X N E
L T N D E P O L I G O N B T I Đ
```

ARC
KRUG
CONE
UGAO
KOCKA
KRIVINA
CILINDAR
IVICE
ELIPSA
HIPERBOLA
LINIJA
OVALNI
POLIGON
PRISM
PIRAMIDE
PRAVOUGAONIK
STRANA
KVADRAT
TROUGAO

29 - Scientific Disciplines

```
S T J Đ G A N A T O M I J A T Đ
K I N E Z I O L O G I J A J E Y
B I O H E M I J A K Y F H I R F
A J I G O L A R E N I M H G M I
J R N A J I G O L O E G G O O Z
I N H E S B O T A N I K A L D I
G W B E U T A H Q F P F J O I O
O K T U O R R S I N F Z I I N L
L V A L Q L O O M S Y V M C A O
O I P L J W O L N Y R T E O M G
H T M Q G Q Z G O O G Z H S I I
I H G A M S P C I G M U R R K J
S M E H A N I K A J I I L D A A
P B I O L O G I J A A J J N U Y
L I N G V I S T I K A B A A D Y
I M U N O L O G I J A U G V X W
```

ANATOMIJA
ARHEOLOGIJA
ASTRONOMIJA
BIOHEMIJA
BIOLOGIJA
BOTANIKA
HEMIJA
GEOLOGIJA
IMUNOLOGIJA
KINEZIOLOGIJA
LINGVISTIKA
MEHANIKA
MINERALOGIJA
NEUROLOGIJA
FIZIOLOGIJA
PSIHOLOGIJA
SOCIOLOGIJA
TERMODINAMIKA

30 - Science

```
N F M U X T H C X P L P K T M E
X C V Q E V O L U C I J A N O K
F X X B A C I N E J N I Č O L S
I I A D O R I R P H N O L Y E P
B N Z E W Đ Z T M M C R A K K E
V V L I J M K V S R O G B L U R
Q F P Q K M I W R E N A O I L I
U J G E V A C Y H N Č N R M E M
G R A V I T A C I J A I A A M E
B I L J K E D N G Z L Z T G E N
W D H I S F O S I L G A O A T T
J C U Y J J P Y Y H L M R A O L
B Đ U E I L A R E N I M I T D F
Y Đ F P M N A U Č N I K J O A Q
M C N T E E U W U V X B A M Y F
C X J Q H H I P O T E Z A L N B
```

ATOM
HEMIJSKI
KLIMA
PODACI
EVOLUCIJA
EKSPERIMENT
ČINJENICA
FOSIL
GRAVITACIJA
HIPOTEZA
LABORATORIJA
METODA
MINERALI
MOLEKULE
PRIRODA
ORGANIZAM
ČESTICE
FIZIKA
BILJKE
NAUČNIK

31 - Beauty

```
F U L J A S M S M I N R G Đ Š L
F O X X Y Z E T L A T X S H M M
S C T K O J C I K Z S G O H I K
G U Q O E F R L H P A K A H N R
G Y C I G G U I Š A R M A R K M
Š I Q M U E Ž S G F K Z O R A Y
C A B L L C N T J X E V Đ O A Y
Z Y M P S A K I T E M Z O K B O
D L Y P U R V V Č J K O V R Č E
S N F V O G Z O E N B O J A E Đ
G E J Y B N J Z P E O I D Ž Đ Y
E L E G A N T A N H Y E H O J K
Đ V V M M I R I S T J Z R K W O
E L E G A N C I J A M A K A Z E
J O G L E D A L O O D E P S K J
E Q W N N J P R O I Z V O D I K
```

ŠARM
BOJA
KOZMETIKA
KOVRČE
ELEGANCIJA
ELEGANTAN
MIRIS
GRACE
RUŽ
ŠMINKA

MASKARA
OGLEDALO
ULJA
FOTOGENIČNO
PROIZVODI
MAKAZE
USLUGE
ŠAMPON
KOŽA
STILIST

32 - Clothes

```
N O T U H U R P S A N D A L E T
G Đ U M Y C T U I R O P Z X F I
M O D A Š I A K K D T T U P A K
K O V J U P J Q X A Ž E L A X A
U F B L Z E N N T Đ V A B I Y N
L J G E I L K F D V D I M Y S U
F G Q C K A U B A N E L C A S V
N D D E X N S Š E Š I R O E T W
U Q Z K T I E N A R U K V I C A
R O E X B J D Ž E M P E R J K Z
S K N R O L K F L X N Y J B O B
R O Y J J A D Z T Đ O S I B Š I
G C T T A H U A K Q T Q P E U Đ
H L A Č E K R E M R A F B L L Y
E A T T Z Đ N Q A G Z W X J J R
C Š Đ O F X T A H W T O R L A B
```

KECELJA
KAIŠ
BLUZA
NARUKVICA
KAPUT
HALJINA
MODA
RUKAVICE
ŠEŠIR
JAKNA

FARMERKE
NAKIT
PIDŽAMA
HLAČE
SANDALE
ŠAL
KOŠULJA
CIPELA
SUKNJA
DŽEMPER

33 - Insects

```
M M K F G I Q L M N W B Y Q Đ T
U W H V H C S S A L B Z U U V G
M P E W H F T T C D Đ M P H Đ A
V X A U S W R I E M Y V W U A A
H S D N I M Š M O L J B G T L M
C H A L T K L R W A S P U J E S
Z F C Q N H J E A I S I N G Č K
P E I W A I E T S U C O L B P A
W U C D M I N A P H I D N Z P K
B U B A Š V A B A Q M B V Z I A
G E I B W R Y U B U O U K E N V
Y F J U M C J B N A O F T G P A
L E P T I R D R A G O N F L Y C
K O M A R A C L A R V A L T L R
R B Z A F U K C G X L X G Q U F
A G U L U O D M T P C A X E M Z
```

ANT
APHID
PČELA
BUBA
LEPTIR
CICADA
BUBAŠVABA
DRAGONFLY
BUHA
SKAKAVAC
STRŠLJEN
LADYBUG
LARVA
LOCUST
MANTIS
KOMARAC
MOLJ
TERMIT
WASP
CRV

34 - Astronomy

```
R A K E T A X X R L T W N S E D
M A A S T R O N A U T G E A K N
I E K L M O N O R T S A B T L Z
K L T M W B I N U J D L U E I E
L L A E F P U O T C X A L L P M
P L E N O K Q M F Đ E K A I S L
O L Z L Đ R E A A Y K S H T A J
H K A A S T E R O I D I E Đ Y A
X V M N W X S Z R R W J D J G G
T U F W E E D W J G K A S F M H
N E B O R T S U P E R N O V A D
F E O X M C A I D O Z M M O Q R
V R I J I R O T A V R E S P O K
S A Z V I J E Ž Đ E N Z O Y U C
S J X Z R A Č E N J E N C R Đ M
M T E P T G K B L C X I Đ J M P
```

ASTEROID
ASTRONAUT
ASTRONOM
SAZVIJEŽĐE
COSMOS
ZEMLJA
EKLIPSA
EQUINOX
GALAKSIJA
METEOR

MJESEC
NEBULA
OPSERVATORIJ
PLANETA
ZRAČENJE
RAKETA
SATELIT
NEBO
SUPERNOVA
ZODIAC

35 - Health and Wellness #2

```
Z D R A V F R N M Z M W H S I Y
Z Y A P E L S A R P A Z B E N B
Y J N L Y K F B N B O Đ D Q F G
R N I M A T I V J U D Y X H E G
T P Ž M J A L E R G I J A U K E
A P E T I T J R E R S T C I C N
T Đ T G G A J I M O T A N A I E
E J A T R N H X F G R S M S J T
J S J T E E M B W S E J E A A I
I Đ I R N J I A C F S L W L H K
D K R V E I K S S O N G M I O A
W Z O E C G W R H A C I N L O B
V S L F F I A S U R Ž E W O H W
V Q A J E H D Q E P A A C F A Z
D K K A V A R O P O S N N E C U
D E H I D R A C I J A H A Q Đ O
```

ALERGIJA
ANATOMIJA
APETIT
KRV
KALORIJA
DEHIDRACIJA
DIJETA
BOLEST
ENERGIJA
GENETIKA

ZDRAV
BOLNICA
HIGIJENA
INFEKCIJA
MASAŽA
ISHRANA
OPORAVAK
STRES
VITAMIN
TEŽINA

36 - Disease

```
Z D R A V L J E S N P W S N L L
W E L L N E S S N R I J X N I U
Z W X J V R Q G E Q C J N Đ M M
B A K T E R I J S K I E L M I B
J J B R A J I T A P O R U E N A
M I E Q R P O T T J C X E G R R
Z P P V X S N A S L J E D N O I
L A V A M F Đ L D O C J T O T M
X R G P T M B A L S K I Đ Q A U
Đ E F Y L Đ P U U L G J B R N
N T K X V R G U F N Q R P Đ I I
K Q K Q I D T E Đ I Z E B U P T
Đ V J G H N Z W N S K L C H S E
X O M D I I B I U I X A B I E T
T Đ A L R S G E N E T S K I R Y
A H G X K Z A R A Z N O L E T M
```

ALERGIJE
BAKTERIJSKI
TELO
KOSTI
ZARAZNO
GENETSKI
ZDRAVLJE
SRCE
NASLJEDNO
IMUNITET
UPALA
LUMBAR
NEUROPATIJA
PATOGENI
RESPIRATORNI
SINUS
SINDROM
TERAPIJA
SLAB
WELLNESS

37 - Time

```
B G H R A A C Đ F B T U G K Q J
S H C O U B I P M U D E A Q S U
R Z N O Ć P I R A D N E L A K T
Y U B C Y M O C O U I Z B K L R
M C E N D I M N Y Ć G X K N M O
K I Đ Y A A Z Z N N H Z D E V R
J M N R B D J R J O N A R U C O
V D A U C S A V T S G J S E L X
L E B T T A S N J T O I L S M C
O S U N Q A R S U K D N D D L D
Đ G C E S E J M Č E I E N Z J J
K Y Y C J N H M E J Š C D Đ S Q
P O D N E I C X G W N E A I S G
U S K O R O R V C U J D N R Q I
G O D I N A M P K D I E A V F A
M J I V E J E B S A D A S Z M B
```

- GODIŠNJI
- PRIJE
- KALENDAR
- CENTURY
- DAN
- DECENIJA
- RANO
- BUDUĆNOST
- SAT
- MINUTA
- MJESEC
- JUTRO
- NOĆ
- PODNE
- SADA
- USKORO
- DANAS
- SEDMICU
- GODINA
- JUČE

38 - Buildings

```
J L S Š A T O R K S X Š V O Q B
E N F U B O L N I C A E K I E P
Z A A Y P R T I P D Z T F O C I
U T B R H E T Š I R O Z O P L D
M S R Đ O S R Q X M W Đ P I O A
J T I F I T J M H O T E L N S N
R Y K I W E J U A V X F S U U I
H Đ A J I R O T A R O B A L L B
H O S T E L N O Q Q K G I S B A
M L Q H I F K F B T Đ E J T I K
O P S E R V A T O R I J T A O D
B A R N A M B A S A D E R D S V
U N I V E R Z I T E T S U I K O
Đ E Y M C P I U D E Z Z L O O R
E Y E N U O L B W D M X T N P A
S T V H O R G Đ M C T U C C V C
```

STAN
BARN
KABINA
DVORAC
BIOSKOP
AMBASADE
FABRIKA
BOLNICA
HOSTEL
HOTEL

LABORATORIJA
MUZEJ
OPSERVATORIJ
ŠKOLA
STADION
SUPERMARKET
ŠATOR
POZORIŠTE
TORANJ
UNIVERZITET

39 - Philanthropy

```
C Č O V J E Č N O S T A B J N H
I Z N P G T H J R I Z A Z O V I
L A V V E L I K O D U Š N O S T
J J A G F V R M U S X Q G I I T
E E J L L J U D I T K A T N O K
V D P O X D X I S T O R I J A S
I N Đ B X N J S R F J R V Đ Z S
F I Q A F O V E S R E D S T V A
E C Z L Y M K J C C A Y G K N D
Y A E N K S W I M A R G O R P O
K F V O L I T S O N E R K S I N
C H A R I T Y N G Q Q D A V D I
M I S I J A C A R F M U J Đ X R
M L A D O S T N U Y E K Q W I A
N J C G O Z F I P W O J G S L T
D K Z Z I M Đ F E T O N S J H I
```

IZAZOVI
CHARITY
DJECA
ZAJEDNICA
KONTAKTI
DONIRATI
FINANSIJE
SREDSTVA
VELIKODUŠNOST
GLOBALNO
CILJEVI
GRUPE
ISTORIJA
ISKRENOST
ČOVJEČNOST
MISIJA
LJUDI
PROGRAMI
JAVNO
MLADOST

40 - Gardening

```
F K T V T Q P F J L W V U O J E
J J R S O E P F S M Đ L C Q X G
Z E M H V Ć R V H S Y A X F B Z
Z L S A E Š N A X Z J G T P F O
B B V T J I Z J V J L A I N K T
R L A M I L K Đ A T I S A B F I
B A T S R V S T E K U B J S C Č
B T H S C D O Y Y H P K L E U N
T O B O T A N I Č K I O M V M O
S E Z O N S K I M W E N E O O E
O F G O Đ I S N N H N T Z D S I
P F Đ M U J R T S I L E J A S P
M R N V M C Đ E M E U J S F O N
O Z Y N X N E J Đ U L N M T L Z
K B J T R J N V J P Đ E M X B G
S R W M G F G C Đ T A R U C F P
```

BLOSSOM
BOTANIČKI
BUKET
KLIMA
KOMPOST
KONTEJNER
BLATO
JESTIVO
EGZOTIČNO
CVJETNI

LIŠĆE
CRIJEVO
LIST
VLAGA
VOĆNJAK
SEZONSKI
SJEME
ZEMLJA
VRSTA
VODA

41 - Herbalism

```
E Đ I K D H R P Z L S W B Đ V Y
T Č K B T Z Z O E S U G T O X F
H A S W T R S K S P R P S E Q Q
T R R Z W R I Z D E L I S A B U
U O A K O R I S N O M K R F L A
D M N W M O Q E C F H A F N J M
U O I A W N C Z H C M U R Z L P
E K L P G C H C O V X D N Y K E
S A U I C I D D A I B A Š T A R
T J K S D T R K D J U B A S Q Š
R O V M M A C O N E L E Z U X U
A T W F Đ M I Y A T N E M H D N
G S V A U O X A V Š A F R A N K
O A K D G R U K A J N Š E Č U Đ
N S E D B A K J L I B H V X D A
U P O K X V M A R J O R A M S T
```

AROMATICNO
BASILE
KORISNO
KULINARSKI
KOMORAČ
UKUS
CVIJET
BAŠTA
ČEŠNJAK
ZELENO

SASTOJAK
LAVANDA
MARJORAM
MENTA
ORIGANO
PERŠUN
BILJKA
ROSEMARY
ŠAFRAN
ESTRAGON

42 - Vehicles

```
T R A K T O R M O O Y N Š B D K
X E T A O B K N O I V A A R L K
H A E M U G A Q U T A V T I Y U
P H K P Y T G R L F O A L S V O
H W A I O T O H A V P R I P Đ V
E E R Q Y D U B B G A A L L H T
V L K S T Y M E U A U K Q A P T
S K U T E R L O O S T S W V G R
D I H I T N A X R U O O Q C S A
Đ C O F V Đ C Q X N O I M A K J
C I Đ V R E T P O K I L E H R E
I B G H W A Đ B I R S C C R Đ K
V U P V D X R L X C K O A C B T
Đ Q U P O D Z E M N A K A L G T
Y F A X T U P R U Đ T I Y C A O
E W O W L G J P P Q S T X X T P
```

AVION
HITNA
BICIKL
BOAT
AUTOBUS
AUTO
KARAVAN
TRAJEKT
HELIKOPTER
MOTOR
SPLAV
RAKETA
SKUTER
ŠATL
PODMORNICA
PODZEMNA
TAKSI
GUME
TRAKTOR
KAMION

43 - Flowers

```
L I L Y W R M M A G N O L I J A
K J N L M N N D U H A N A A Đ I
J U H Z U Y Q Y C Q Q H A J Đ R
Y M I Y Y Đ J Q X R W O C R H E
J A S M I N E L A V A N D A T M
S G I H O R C A L E N D U L A U
O P A C I Č N I T A R T T I I L
M R E M D B J T L J L E U D N P
M E H O J N I S D Y F K L O E K
V V I I N Q A S U W I U I F D W
U O N Z D Y A Y K D V B P F R Đ
Y L N L L E Q R E U H R A A A E
P C G Q U X J K L T S K T D G E
P E T A L I N A V O G R O J N D
O Z N Đ C Đ S U N C O K R E T K
P R U G M A S L A Č A K S S T V
```

BUKET
CALENDULA
CLOVER
DAFFODIL
TRATINČICA
MASLAČAK
GARDENIA
HIBISKUS
JASMINE
LAVANDA
JORGOVAN
LILY
MAGNOLIJA
ORHIDEJA
PEONY
PETAL
PLUMERIA
POPPY
SUNCOKRET
TULIP

44 - Health and Wellness #1

```
F Y U C J K Đ O X X S D A E O R
V K G I U G L H P D C X P B P E
N E V A N G K B A C E L O D U F
Y E M X A R U T K A R F T O Š L
M J Z X V Z R W R A B G E K T E
J I D F I N O M R O H A K T A K
C R Š Z K E J I L P V K A O N S
Y E K I A Y K W W J T X O R J P
N T T O Ć I L G L A D J R S E G
T K E V Ž I I A K T I V N O T K
R A R I O A N V I S I N A M U I
E B A R K C I Y P X L B G Y D S
T Đ P U K H K L E S F A Z I K Y
M L I S A U A D E R V O P O B N
A A J R Z P R H F Z W X M O N B
N R A U E V P Y Đ M R N W L A Đ
```

AKTIVNO
BAKTERIJE
KOSTI
KLINIKA
DOKTOR
FRAKTURA
NAVIKA
VISINA
HORMONI
GLAD

POVREDA
LIJEK
MIŠIĆI
APOTEKA
REFLEKS
OPUŠTANJE
KOŽA
TERAPIJA
TRETMAN
VIRUS

45 - Town

Š	A	R	A	K	E	P	Q	B	Y	G	G	P	U	T	B
A	K	E	T	O	P	A	A	A	E	P	A	R	N	R	X
K	E	O	O	Z	L	L	U	N	L	H	L	O	I	Ž	C
I	T	P	L	E	T	O	H	K	E	D	E	D	V	I	N
N	O	T	O	A	P	T	I	A	C	E	R	A	E	Š	F
I	I	B	N	Z	N	E	V	Z	J	X	I	V	R	T	O
L	L	O	A	P	O	K	S	O	I	B	J	N	Z	E	L
K	B	C	A	U	I	R	C	P	W	Đ	A	I	I	Q	Z
U	I	E	Z	Đ	D	A	I	V	V	B	A	C	T	Q	B
F	B	Đ	L	N	A	M	T	Š	J	Z	V	A	E	K	P
Y	Q	X	A	M	T	R	M	G	T	E	Q	X	T	H	W
R	R	N	P	G	S	E	I	A	N	E	Ć	U	A	G	Z
E	P	B	P	E	P	P	D	Z	E	M	Z	A	K	A	B
U	V	N	J	E	Z	U	M	M	O	R	D	O	R	E	A
M	N	G	O	I	N	S	K	N	J	I	Ž	A	R	A	S
F	V	G	X	Z	Q	R	M	S	Z	E	U	D	X	I	U

AERODROM
PEKARA
BANKA
KNJIŽARA
BIOSKOP
KLINIKA
CVJEĆAR
GALERIJA
HOTEL
BIBLIOTEKA
TRŽIŠTE
MUZEJ
APOTEKA
ŠKOLA
STADION
PRODAVNICA
SUPERMARKET
POZORIŠTE
UNIVERZITET
ZOO

46 - Antarctica

```
O Č U V A N J E S Q G C G N G P
E K S P E D I C I J A D O V Z O
U Đ V V Y C V A L E D C V I L
T G E O G R A F I J A C A Z E U
A E I F B G Z M C X I S D W Y O
C V M K Z Z M R A X Y A F T L T
R R N P W F P F L J Z J U N O O
P W X B E K G I B N F I Đ E U K
R T E A M R Q Q O A X F S N U E
O G I Y L V A M I G R A C I J A
C J V C V N S T E S C R B T S M
K O L P E I N Č U A N G I N J Y
Y M I N E R A L I R N O N O S Q
G L E Č E R I K T T A P J K O W
O K R U Ž E N J E D K O K Q Đ T
I S T R A Ž I V A Č T T R C Đ R
```

BAY
PTICE
OBLACI
OČUVANJE
KONTINENT
COVE
OKRUŽENJE
EKSPEDICIJA
GEOGRAFIJA
GLEČERI

LED
MIGRACIJA
MINERALI
POLUOTOK
ISTRAŽIVAČ
ROCKY
NAUČNI
TEMPERATURA
TOPOGRAFIJA
VODA

47 - Ballet

```
V J E Š T I N A K I Z U M G K C
M L P O E K Č B G R W M V R O Đ
V N G M T Č J A J O Z B M A R K
J Đ H M I I A N S H U T A C E R
C J G P Z N T I E E A D E I O I
E G S R N T X R D J L H X O G T
G T M O E E N E D E P P N Z R A
K E C B T J R L I Y A D Y A A M
U S S A N M B Đ B W S W N F Z
H T S T I U K B T H Đ W X C I X
G I Ć I Š I M G U S F X U Q J C
K L U C H A K I N H E T G Z A O
I Z R A Ž A J N O H Y K W Y D D
I J B O N W S E W G O O R W Z S
K V F Đ Đ C C U K D I C W O A A
K O M P O Z I T O R Q S O L O T
```

APLAUZ
UMJETNIČKI
BALERINA
KOREOGRAFIJA
KOMPOZITOR
PLESAČI
IZRAŽAJNO
GEST
GRACIOZAN
INTENZITET

MIŠIĆI
MUZIKA
ORKESTAR
PROBA
RITAM
VJEŠTINA
SOLO
STIL
TEHNIKA

48 - Human Body

```
K S V X K X O E I Č E L J U S T
B R G O F I L B N O G A K U R G
W Z V B Y Y Q A G X O Ž B C G L
R A M E D X Đ H K A Z O M M W E
J T N G L A V A D A I K H D W Ž
Q I O N E J L O K I T N F U N A
V U S I C U G B W Y S U K W D N
L A M H I S X P S M O V R A T J
Z Z N C L T C S R O K K Y I U B
D H H X D A T X V A Đ T S D Z I
Y K R C Z D C G D E J Y O P L X
H A E T Q C K B W F I N G E R R
T M G J X T C S P Q E M V Y X I
K Z M O S R C E D W E Q P O O J
I T A C Q T G E A S Z P T X Q B
E J Y G I Y D B S G F O Y U T F
```

GLEŽANJ
KRV
KOSTI
MOZAK
CHIN
UHO
LAKAT
LICE
FINGER
RUKA

GLAVA
SRCE
ČELJUST
KOLJENO
NOGA
USTA
VRAT
NOS
RAME
KOŽA

49 - Musical Instruments

```
Y V O T Y C X X J B H J Y O U T
K V N S L U D C N Z G U A U D R
H D F A R U B M A T X R H L A O
J J L K T K B A B M I R A M R M
F S G S Y U L Đ U C U K V S A B
I Q E O B O A A B U R T D R L O
E T D F Q J R L R I V A L K J N
Q S L O N N A E F I T K S Q K V
A Đ J N C A T Z B L N O K Y E Y
D X G Y P B I U H Q L E Đ U W E
J F S K Z W G N O G Z C T U C E
P R A H A R M O N I K A A O Y M
E I Y G O K W V I O L I N U T S
M Đ P T O L E Č J M M E S P K X
P O L K J T M A N D O L I N A L
K N X E B G Z P S W F F B A R V
```

BANJO
FAGOT
ČELO
KLARINET
BUBANJ
FLAUTA
GONG
GITARA
HARMONIKA
HARP

MANDOLINA
MARIMBA
OBOE
UDARALJKE
KLAVIR
SAKSOFON
TAMBURA
TROMBON
TRUBA
VIOLINU

50 - Fruit

```
P Z Q K J J W U B B X P E B U O
A O A M A V A U G Z A M C K U G
P C V A B G P E P N G N T K S J
A T O R U Q R F Q O A B A D C N
Y E K E K L S O P F F I G N M G
A M A L A W J G Ž F D Y A Y A B
U V D I J Z D N O Đ N I L L U E
B Đ O C N R B A X O E K N A Z R
R D T A Š O S M J I O R I J S R
E K I U E Y O A H O Y U R D A Y
S N X W R P K I V I K Š A Z N Y
K E G U T X O Y P Q T K T R A P
V L I M U N K S M D B A K U N B
I M A L I N A D R T R K E P A N
C C M C N V G T Đ X A Y N G G C
A N R F I B Z U Z Đ I V L R T X
```

JABUKA
MARELICA
AVOKADO
BANANA
BERRY
TREŠNJA
KOKOS
FIG
GROŽĐE
GUAVA
KIVI
LIMUN
MANGO
DINJA
NEKTARIN
PAPAYA
BRESKVICA
KRUŠKA
ANANAS
MALINA

51 - Engineering

```
I S K S S R E P D G U J H L J Z
U T H A J I C U B I R T S I D K
B A A N D I U Q I L A N I Š A M
Q B G F M I O E C A D M Z V Z U
K I S O E Y M V U R S L E Z I D
U L T M A Y A E G U L O P T N P
I N R Đ B H R G N O G O P R E L
P O E D L P G R Q Z K U G A O R
E S N Đ U M A A S O I Y V S O O
N T G M Y R J D S N Đ J Y Đ G T
E Đ T M E S I N U E A I E F I O
R V H D H R D J Q S M D T Y I M
G H D X C V E A N I B U D H G M
I X Y F F Y E N U Č A R Z I Đ E
J R O D L A H Q J N D J Z S B K
A R U T K U R T S E B T A H V Đ
```

UGAO
OSA
IZRAČUN
GRADNJA
DUBINA
DIJAGRAM
DIAMETER
DIZEL
DIMENZIJE
DISTRIBUCIJA
ENERGIJA
POLUGE
LIQUID
MAŠINA
MERENJE
MOTOR
POGON
STABILNOST
STRENGTH
STRUKTURA

52 - Kitchen

```
D R T Đ R I R M Y M K B X N E Đ
E V J M S E A W H Y Z O T P Z J
I S G K A F L W X R Y W P F G H
V G U Q O F W X E U A L C P K I
V F J N L N J M H Y J N Y D O A
O U G Q Đ G W D F E L D A L R Z
J A R I V E Ž O N J E S C Z E R
Y G W S J R R A H L C P I A C D
X B P V J U O X R O E W N M E Đ
F O R K S S S Đ Š D Š K O C R P J
F R I Ž I D E R T K V P E Z T Z
K Q N G P G Đ M F I G B P I A P
E K I Š A K W T R N L L K V F M
E L Č X Đ P Y G Q J Z J I A R R
T K A T E V L A S A L D P Č T G
X E Z W H K P P Z Č K V L N V H
```

KECELJA
BOWL
ŠOLJE
HRANA
FORKS
ZAMRZIVAČ
ROŠTILJ
JAR
JUG
ČAJNIK

NOŽEVI
LADLE
SALVETA
PECNICA
RECEPT
FRIŽIDER
ZAČINI
SUNĐER
KAŠIKE

53 - Government

```
U Q S L Y D Q N S S F Q J M X S
P I D K E I L D O R U D B A D I
Đ L V F N S T A Q Q W D M G V M
U A V W X K S H P X P Y S Đ Đ B
N K D E P U O Y D O O F L K I O
C I V I L S N K F I A A C R I L
P T A Q Z I S C T Y W D P Y S G
G I T P A J I T A R K O M E D O
G L S U Đ A V W A G S B N X Q V
D O U F O J A I O G T O K R Đ O
U P Z T V I Z V C H A L B B I R
P R A V A C E A A Đ N S R I I M
W U Q Q E A N U K Y J T Đ S K K
V A T D O N D Đ D O E V O P O D
Z P R A V D A Y K I N E M O P S
C K G X J E D N A K O S T G Z W
```

CIVIL
USTAV
DEMOKRATIJA
DISKUSIJA
JEDNAKOST
NEZAVISNOST
SUDSKI
PRAVDA
ZAKON
VOĐA
SLOBODA
SPOMENIK
NACIJA
MIRNO
POLITIKA
PRAVA
GOVOR
STANJE
SIMBOL

54 - Art Supplies

```
C H O D S R S O W U B W Y R Đ J
W K B P P G J K G G K E H X I K
T O M A K R I L O T S Q E L Z M
F F A A Q G P A P I R M C J F K
E H M D S T W R N M N T F P C Z
Y L L O K T S O N V I T A E R K
L D U V J A I P A S T E L S E Đ
M J D Y F P M L U W D J W N R R
S V E J E D I E O C X L S W H V
P J C P U P E J R Y Z U T T H T
C O I G I G K O L A C I L O T S
E B J L N L V B B R I S A Č V K
B Z O I E S O E A S E L Z X R N
D D B N G J L C U M B Y K L C W
L H Q A D R O I H H F O D T C N
F Y V V J Č E T K E E M R R V U
```

AKRIL
ČETKE
KAMERA
STOLICA
GLINA
BOJE
BOJICE
KREATIVNOST
EASEL
BRISAČ

LJEPILO
IDEJE
MASTILO
ULJE
PAPIR
PASTELS
OLOVKE
STOL
VODA

55 - Science Fiction

```
T O R V Đ H V Đ W A Y N Đ I F M
E E Đ J V Đ P B P J V I D M A I
H E J G W Y A N K I D K U A N S
N A J I Z U L I C P T Č G G T T
O G D U V X I A T O M I C I A E
L A Q T D S T J E T M T X N S R
O L M O G L O I X S B S V A T I
G A B P T W B Z T I E I A R I O
I K I I I X O O R D C R B N Č Z
J S O J D Z R L E B Đ U H O N N
A I S A P R L P M Q W T K Z O O
I J K D O Z X S E X F U Y Q O H
G A O I S L A K R V Đ F C W N P
T V P K N R Đ E G I J N K R P H
H E M I K A L I J E L C A R O Z
K K R B X K P L A N E T A N O X
```

ATOMIC
KNJIGE
HEMIKALIJE
BIOSKOP
DISTOPIJA
EKSPLOZIJA
EXTREME
FANTASTIČNO
PALI!
FUTURISTIČKI
GALAKSIJA
ILUZIJA
IMAGINARNO
MISTERIOZNO
ORACLE
PLANETA
ROBOTI
TEHNOLOGIJA
UTOPIJA
SVIJET

56 - Geometry

```
F P M K U B S U E S W D H N P B
M G R F P A V O N M P I O K O N
M X Z O E H A H Z Z E A R S V W
I D I A P A J I Z N E M I D R K
P N U G G O I U H C D E Z Z Š S
T A U U Y X R A A M C T O V I I
R J R Y Q C O C N Đ N E N I N M
O I M A S Y E M I I U R T S A E
U D G K L C T N V J Č F A I Z T
G E P I D E I K I O A A L N C R
A M L G U Y L T R R R B N A G I
O U G O S Z W N K B Z M O D S J
G Z E L Q G Z F O P I A Z Y E A
Y C E K R U G Y R X O S J Q P J
S E G M E N T G T R U S Đ C J V
S D Q P E M V D O L H O E F M U
```

UGAO
IZRAČUN
KRUG
KRIVINA
DIAMETER
DIMENZIJA
JEDNAČINA
VISINA
HORIZONTALNO
LOGIKA

MASS
MEDIJAN
BROJ
PARALELNO
PROPORCIJA
SEGMENT
POVRŠINA
SIMETRIJA
TEORIJA
TROUGAO

57 - Creativity

```
S Đ I U J M F V D D B C V E V I
S P O N T A N O I B W S J J J N
S E N Z A C I J A Z A R Z I E T
C V M A D Z O Q H Q I A Z S Š U
K A S I T U S K O J Q J L T I
I N T E N Z I T E T O I E I C
R Z Q Š E Q E M J V L C I K N I
H Q Q M A Z F H I P J A O A A J
N U J J B M F N C J Z R L D E A
I G Y Đ E P T S O N D I U L F J
I K Č I N T E J M U V P W D L A
Q D T N C A V C E P E S T B N S
K H E I N V E N T I V N O T B N
Đ S O J T S O N L A T I V Y U O
Q J S W E D R A M A T I C N O Ć
P E G O T S O N Č I T N E T U A
```

UMJETNIČKI
AUTENTIČNOST
JASNOĆA
DRAMATICNO
EMOCIJE
IZRAZ
FLUIDNOST
IDEJE
SLIKA
MAŠTA
UTISAK
INSPIRACIJA
INTENZITET
INTUICIJA
INVENTIVNO
SENZACIJA
VJEŠTINA
SPONTANO
VIZIJE
VITALNOST

58 - Airplanes

```
M D P V H J P V R A L G P P T U
N G I T C P R J O F F E N R F J
K I L H G W A V G D A J E O V M
T R O T O M V I J W I L B P F P
W O T F N A A O S C M K O E D Đ
V K A R Z Q C Đ N T V Đ E L I U
S I S I U U H N P Q O P U E Z A
L N S A V A N T U R A R Z R A T
E T Y I T Z F Q W H P Y I I J M
T U O Q N O L A B O K Y Q J N O
A P S Đ E A J N D A R G V D A S
N W O O C D W J I D Y A B G Đ F
J D Y P S A H Đ W N A T J W K E
E O F K E S K H U E M V S L R R
O K T L D O V I R O G S X D C A
O P S R F P I T E F V U R J V G
```

AVANTURA
ZRAK
ATMOSFERA
BALON
GRADNJA
POSADA
DESCENT
DIZAJN
PRAVAC
MOTOR
GORIVO
VISINA
ISTORIJA
VODIK
SLETANJE
PUTNIK
PILOT
PROPELERI
NEBO

59 - Ocean

```
S F O V H Y F T C L P L Z Q P R
V T F J X W V X R E M I L P E I
C U K R I W B X S E A W E E D B
M D Q Đ F X L J Y K N Y I E A
H O B O T N I C A N Š O U H I Č
J D T Y I Đ S M P I M S O T C A
R I W S K X Q Q B F N S P Z N J
Q Z J J A M K A J L U G E J S N
K O R A L S U N Đ E R A L Y Đ R
Q J D D U K A Z U D E M K R G O
P I M C K D V J Đ Đ T I Đ K Z K
H Đ Z I J P Z Y U Q S M A R H W
S Đ S Z A S S Z V L Y Y H V A T
F F G R E B E N F O O A L G E K
R I I T Z P V K Đ B P B V J M M
P Z L W Y R U Y R Đ G A D J E F
```

ALGE
KORAL
RAK
DELFIN
JEGULJA
RIBA
MEDUZA
HOBOTNICA
OYSTER
GREBEN

SO
SEAWEED
AJKULA
ŠKAMP
SUNĐER
OLUJA
PLIME
TUNA
KORNJAČA
KIT

60 - Force and Gravity

```
D S C D Z Y K O L I X I F Z H K
R I A N I Ž E T Y A L Q Q Z R R
M N N F O N A K I N A H E M Q E
A L I A S O C R D L Đ Z Z O W T
G A Z T M A K I Z I F A E G L A
N Z R I P I O Ć O S O B I N E N
E R B B A R Č E J N E R T C M J
T E O R I D O K V Y D H T M E E
I V Z O Z X I Š I B Q G L L J L
Z I K P A K A S I T I R P O I J
A N G J U D Đ S E R M X V O R O
M U C E N T A R Q K E M O K V G
M O M E N T U M N U R N A B T S
R A Z D A L J I N A D A J Y T A
F X E O Đ S L J K A V A K E A N
Q Q M D G E N S A D C W R J K P
```

OSA
CENTAR
OTKRIĆE
RAZDALJINA
DINAMIČKI
PROŠIRENJE
TRENJE
UDAR
MAGNETIZAM
MEHANIKA

MOMENTUM
KRETANJE
ORBITA
FIZIKA
PRITISAK
OSOBINE
BRZINA
VRIJEME
UNIVERZALNI
TEŽINA

61 - Birds

```
H V R A N A Đ L K Y E V W B M M
P E M K N Y Q Y O J Đ O Y M Z S
M E R G U S K A K C U K P A T B
Đ S L O A R O D O S U U W A B V
X V R I N J Q O Š B K K S B U Đ
A V F P K P U R N E J A J B F N
Y G O T W A V D Q R K V K R P M
C Đ S L C Y N H J Q D I Y G W J
N B G T W F T I F L D C K B S O
B J U P O L O N Z L U A W Y J K
C A N I R A N A K N I R F X J U
Z G N N R M N C M O M H C J Q S
N A U G A I S U N J O Q Z U V C
D P O V P N D O V E P A T K A P
Q A Q I S G L T H Z Z F J N S Y
N P W N R O L A B U D X X C W C
```

KANARINAC
KOKOŠ
VRANA
KUKAVICA
DOVE
PATKA
ORAO
JAJE
FLAMINGO
GUSKA

HERON
NOJ
PAPAGAJ
PAUN
PELIKAN
PINGVIN
SPARROW
RODA
LABUD
TOUCAN

62 - Nutrition

```
O Y W F X J Y V O W X E T I C F
T G O R A K C Z U U P N E D K E
W M N F J J N G D P S Đ Ž W B R
Q D Z U K U S O S R B M I X A M
T O K S I N X G V C A S N Z L E
R F Z L G F W F T P N V A A A N
K A L O R I J E N L Z S L A N T
J T X U E N U V E P B M W J S A
P E S T P I J A I I R S T Y E C
K J A F S Č H R R T X O F Q U I
T I T E P A E D T S A O B Z H J
F D Q K A Z X Z U O L M F A Z A
K V A L I T E T N N M G I X V T
Y I J E S T I V O Č S L P N J A
R S M Q L W I N I E T O R P Q S
Z S F W N P W K F T M K M E D J
```

APETIT
BALANS
GORAK
KALORIJE
DIJETA
PROBAVA
JESTIVO
FERMENTACIJA
UKUS
ZDRAVLJE
ZDRAV
TEČNOSTI
NUTRIENT
PROTEINI
KVALITET
SOS
ZAČINI
TOKSIN
VITAMIN
TEŽINA

63 - Hiking

```
P C J A P P I I Z W T O I S P B
O R N I T N A D O R I R P M J B
C L I E J N A R I P M A K V N M
P R Č P K F O N K T V P T D B A
K K I T R I I T S O N S A P O P
B F D Q Y E C N U S V D K C S A
U M O R A N M B W P M I Š G B N
G E V V D Đ C A I H R Q E S Đ N
V O V E O B A I N M Q F T A T B
S I J L V I D Z B T Z W F M Đ Đ
Č I Z M E E E J N I T O V I Ž B
V E K L I M A N I N A L P T L O
K A M E N J E R I S Q P N D K C
O R I J E N T A C I J A F L B I
T S M V J S N L Đ Y J O A S L T
A D B K F O N Đ Y O X C R L B X
```

ŽIVOTINJE
ČIZME
KAMPIRANJE
CLIFF
KLIMA
VODIČI
OPASNOSTI
TEŠKA
MAPA
PLANINA
PRIRODA
ORIJENTACIJA
PARKOVI
PRIPREMA
KAMENJE
SAMIT
SUNCE
UMORAN
VODA
DIVLJI

64 - Professions #1

```
K J T X T K K X P O L D C I B I
Z A C Z Đ D R W I P O H V D K Q
P D R O T K O D J T V G Z V O G
J S S T U P J J A V A T Z Q G S
Z G I N O A A E N V C K C D Q N
Y M T H Q G Č F I A K Q P Q M H
L O B L O I R Y S T A K O V D A
W N E K D L U A T R A K N A B P
M O R N A R O P F O S E S T R O
I R A T A L Z G Y G O J H F G B
F T J S R J R O D A S A B M A L
N S F U E E P L N S D L U Y D X
T A T V C U N O B A H A P Y L X
U R E D N I K E T C E U O F P H
K I M T A B F G R M U Z I Č A R
I C D L D V E T E R I N A R Đ C
```

AMBASADOR
ASTRONOM
BANKAR
KARTOGRAF
TRENER
DANCER
DOKTOR
UREDNIK
VATROGASAC
GEOLOG

LOVAC
ZLATAR
ADVOKAT
MUZIČAR
SESTRO.
PIJANIST
PSIHOLOG
MORNAR
KROJAČ
VETERINAR

65 - Barbecues

```
P O R O D I C A W H N A M I C X
A B F O Đ S S G S Q N V U S O C
I V E Ž O N B S P T K T Z O W V
U J H R A N A K O K O Š I S K G
T J L I T Š O R R W D V K S O N
V E Č E R A J O Q I V S A O X V
X Ć S N T O Z F Z U R J Đ D S R
T O Q A A A Q H P L U T I Z J L
J V Q D L Q J D S U Ć S I Z I Y
I U X I B A X I F Z E I E J H V
P O V R Ć E T S R N J N H A D I
W F L U C Z I E H P G L A D F F
G K Q S X T Y G M W O Q I A J A
M T U D J E C A R W J C S R T Đ
L E T O B Q M V G E Q I G A C S
Q Y K E S O E N N M I P L P H Q
```

KOKOŠ
DJECA
VEČERA
PORODICA
HRANA
FORKS
PRIJATELJI
VOĆE
IGRE
ROŠTILJ
VRUĆE
GLAD
NOŽEVI
MUZIKA
SALATE
SO
SOS
LETO
PARADAJZ
POVRĆE

66 - Chocolate

```
Š A M K Q R U O A G Y P Q H K S
G E N X U A K T N S O E Y B P A
U I Ć Đ O C U Ž T Č Š N K D S S
I Q M E E E S U I L I T T P Z T
K T J Z R O N D O Y K T T R G O
I W B E U P O N K W T E O E Q J
R J W E R T V J S X A T K Z C A
I G Đ Z V E A A I N L I Y Q G K
K A R A M E L C D V S L W J O E
I F A V O R I T A W U A W N P Z
K A L O R I J E N S K V G U E Q
A S L A T K O Z T I U K O G Q R
R Đ E E J O A V Đ E P L S C R
O K A M I A G U C B Đ C E C V Q
G O J L F P H B Y A B Y F R Q A
U K A R O M A Đ R E C E P T D A
```

ANTIOKSIDANT
AROMA
GORAK
CACAO
KALORIJE
SLATKIŠ
KARAMEL
KOKOS
ŽUDNJA
UKUSNO

EGZOTIČNO
FAVORIT
SASTOJAK
KIKIRIKI
KVALITET
RECEPT
ŠEĆER
SLATKO
UKUS

67 - Vegetables

```
D R J P S K G X D I M B K P Q L
B X S H A L L O T O N K S Q N U
W N S V O A Z G J H L G D W U N
O T V Y V N U I D F L D I K Š T
J E R H S A L A T A L U K O R B
Z T A C I V K T O R P H E D E C
D U A A D G V M C P C E H H P E
T I K V A I A T Y R C E R N P L
K L O A V N A Ž D I L T A P A E
Z F Č T I G G Č E Š N J A K R R
S R I S J E L R P M T N V Q A P
T E T A L R G J A I L Z K E D W
Đ M R R G H Q P K Š Q L R T A G
M S A K Š P I N A T A A M O J Q
K A R F I O L A E S V K W A Z D
V W R U B L U K Z E O S X D O G
```

ARTIČOKA
BROKULA
MRKVA
KARFIOL
CELER
KRASTAVAC
PATLIDŽAN
ČEŠNJAK
GINGER
GLJIVA

LUK
PERŠUN
GRAŠAK
TIKVA
ROTKVICA
SALATA
SHALLOT
ŠPINAT
PARADAJZ
REPA

68 - The Media

```
I K T E L E V I Z I J A C W I I
N O X W E J N E J L Š I M O H S
T M Č W J R A D I O H D Đ H H I
E U I I N L A K O L W L F T Y P
L N N Z A W J Z N W E N I L N O
E I J D V Y I R L L N N N G Đ S
K K E A O Q R D A Q I K A A K A
T A N N Z H T Z T T V P N M S Č
U C I J A B S Đ I B O R S X S W
A I C E R B U T G C N H I S E S
L J E U B G D L I H J M R L X M
N A X O O K N Y D D D Y A I A S
O H V H B N I M R E Ž A N K O B
O Z J O P I V O V A T S J E K W
V Q Z H O N L A J I C R E M O K
P J N D F K R X J U U L L O B Q
```

STAVOVI
KOMERCIJALNO
KOMUNIKACIJA
DIGITALNO
IZDANJE
OBRAZOVANJE
ČINJENICE
FINANSIRANJE
INDUSTRIJA
INTELEKTUALNO

LOKALNI
ČASOPISI
MREŽA
NOVINE
ONLINE
MIŠLJENJE
SLIKE
JAVNO
RADIO
TELEVIZIJA

69 - Boats

```
T R A N R O M W U I J Đ C O Đ O
K I K Č I T U A N O A W J I E X
G J S Đ H N J W A L H S K M T T
A E T D M U Q A K Y T H I Y A L
G K Đ T I O R D I S A D E P K F
J A S T U I R L C B S M Y O Y E
V E C O D X L E V J T G V S Z J
Đ O D B L O D R L G S R J A W Đ
E B I R N T K E J A R T E D E B
J O A L I M O T O R P C Z A K U
O C E A N L I G L K Q T E T A B
P L I M A O I N O M N A R L J Đ
M S N C Q B P C Z X K N O G A A
H S J P U R Y V A L P S H Y K G
H A L S Ž A S H M O M C Q J K Z
B U O Y E J Đ D M B W M U F Z W
```

SIDRO
BUOY
KANU
POSADA
DOK
MOTOR
TRAJEKT
KAJAK
JEZERO
JARBOL

NAUTIČKI
OCEAN
SPLAV
RIJEKA
UŽE
JEDRILICA
MORNAR
MORE
PLIMA
JAHTA

70 - Activities and Leisure

```
G N N C O V T S R A L T R V Đ O
A Đ Đ R O C D L H I O Q F Đ J D
L E B X E J O I J I B O H A C B
T B F E K Z E K Z G Z O A K V O
L Q M E B K J A C O J J L Đ L J
P L I V A N J E T N E T G O V K
A I K K N H Q J C E B T Đ P V A
O Đ A O I V S N O O N R U W O Q
R E M Š V S E A Đ R W I N B F F
O V P A O O Q V Đ S Z E S K O B
N O I R P T P O S U R F A N J E
J E R K U T Q T O U Y I L L Q K
E O A A K D Q U T I Y L O O R I
N B N L O U K P F U D B A L G U
J V J R Q H Đ J H Y L R M O O Z
E D E F U M J E T N O S T B U E
```

UMJETNOST
BEJZBOL
KOŠARKA
BOKS
KAMPIRANJE
RONJENJE
RIBOLOV
VRTLARSTVO
GOLF
HOBIJI
SLIKA
KUPOVINA
FUDBAL
SURFANJE
PLIVANJE
TENIS
PUTOVANJE
ODBOJKA

71 - Driving

```
T R J H Đ P M V M D E C C U K K
M L Y Y E O Y D D O I B R D A O
B O R D T L J J M O T F E N M Č
Z R T P D I G A S V S O A Z I N
H D X O G C Q Ć P G O D C N O I
A U T O R I O A J A N J N I C
C E S T A J G R E R R U E F K E
M A P A U A O B Š A U H C Z S L
R F F W P V R O A Ž G N I D R O
I M J K E L I A K A I D L D O Q
B R Z I N A V S R U S C D W V Z
U C U B T Đ O N E S R E Ć A Q Đ
T D F Y C U M B O P A S N O S T
A L P Y J C N V Q I X Đ L L Đ H
Đ X V O Z A Č E A N F L Đ H U N
P Z Q H Y Y X Đ L R P T J Y J R
```

NESREĆA
KOČNICE
AUTO
OPASNOST
VOZAČ
GORIVO
GARAŽA
GAS
LICENCA
MAPA

MOTOR
MOTOCIKL
PJEŠAK
POLICIJA
CESTA
SIGURNOST
BRZINA
SAOBRAĆAJ
KAMION
TUNEL

72 - Biology

```
R X G S P G R B I F Q L E X E N
X J J X K H V Đ A Z D J W A M O
D R B B I P Y P Z K S Y M Z B E
F C N G Z A J I C A T U M E R S
H R O M O S O M X N O E Y T I N
E W M I L R N X L A S S R N O O
V D R Z H E D J Y T M K W I N R
O Z O N R F O H S O O O I S J U
L Ć H E R J R T I M Z L T O Y E
U E E V B G I G M I A A T R N
C S S L A E R S B J Z G Q O R E
I N P Q I U P I I A A E W F G R
J T A Y G J K S O R K N C K A V
A K N Z I M A A Z W W C Q K O E
R X Y F U R A R A P R O T E I N
V J S J M L Q Z E H Z P B E Q Q
```

ANATOMIJA
BAKTERIJE
ĆELIJA
HROMOSOM
KOLAGEN
EMBRION
ENZIM
EVOLUCIJA
HORMON
SISAR

MUTACIJA
PRIRODNO
NERVE
NEURON
OSMOZA
FOTOSINTEZA
PROTEIN
GMAZ
SIMBIOZA
SYNAPSE

73 - Professions #2

```
O U Đ X F W C Z M P T I P H N S
X V S F M X W B B X P G I U E L
V J O M G L V E L T R O S D W I
I L U S T R A T O R A L T R V K
T E M B N O A I I Đ Y O S E Đ A
K T Z Z A T H K C N V O I M R R
E I H R K K I P E Q Ž Z V R M A
T Č D I A O R T A T G E G A Z B
E U B N M D U U Y H O P N F A U
D X Z G S R R J K F L I I J Z Z
N I Q N Z J G I R I O K L L E E
A S T R O N A U T L I D J B O R
I Z U M I T E L J O B X A F I T
N O V I N A R S E Z V U M F G B
W G O C O F A R G O T O F Y V I
F X Đ W Z A K Y L F K J C O V V
```

ASTRONAUT
BIOLOG
ZUBAR
DETEKTIV
INŽENJER
FARMER
VRTLAR
ILUSTRATOR
IZUMITELJ
NOVINAR

BIBLIOTEKAR
LINGVIST
SLIKAR
FILOZOF
FOTOGRAF
DOKTOR
PILOT
HIRURG
UČITELJ
ZOOLOG

74 - Mythology

```
S K H X Đ S H L F F K Q R L S K
T K N V C O T N C F W L A A T A
V U Đ Z Y Đ I R E U W W C B V T
O L Q L R D U E E B I U F I A A
R T Đ Q W E Q D E N O S P R R S
E U J S M R T N I K G A Đ I A T
N R Đ E O H U U L U L T B N N R
J A J N U M Y H A E H I H T J O
E D W Y T J Q T E Z G F B I E F
P O N A Š A N J E H W E F L Đ A
I B E S M R T N O S T K N B B T
T Č U D O V I Š T E D G Đ D X E
E P T R I J U M F A H C H K A V
H I R A T N I K B H U V Y I U S
R J U N A K T R Y P X L N M M O
A R O M O B U J L E X X T G Z M
```

ARHETIP
PONAŠANJE
STVARANJE
STVORENJE
KULTURA
KATASTROFA
NEBO
JUNAK
BESMRTNOST
LJUBOMORA
LABIRINT
LEGENDA
MUNJA
ČUDOVIŠTE
SMRTNIK
OSVETA
STRENGTH
THUNDER
TRIJUMFA
RATNIK

75 - Agronomy

```
Q F S Đ B K M X O L P Z S H Y E
V A J U C O F L I Z S W Y V X K
S D E B O E L Q H K Q R U M A O
S E M R E J N E Ž U R K O D S L
M R E I M P I K S O E S W E H O
N V Y V S F G J Q T S A R M C G
J I D O U F C L D C I J N K E I
O R G A N S K I S C S I L A Đ J
E P T K J L I B L Q O D W D R A
N O V U X I A R J H J U Q O C H
E J P A H H Z V X X F T P V E Q
R L E N S W K O A N N S M H D L
G O T A K Q S C R P O V R Ć E U
I P S P Q R E J N E Đ A G A Z T
J F Đ K P R O I Z V O D N J A L
A P X Z E M L J O R A D N J A V
```

POLJOPRIVREDA
BOLESTI
EKOLOGIJA
ENERGIJA
OKRUŽENJE
EROZIJA
ZEMLJORADNJA
ĐUBRIVO
HRANA
RAST

ORGANSKI
BILJKE
ZAGAĐENJE
PROIZVODNJA
SEOSKI
NAUKA
SJEME
STUDIJA
POVRĆE
VODA

76 - Hair Types

```
I M D Z C B T R V Z D P X T Q B
O Q C G K F R A L E B L F H D M
S P O R Q M B O N N M E M D S E
R S V T Z G Đ G W A E T E E T D
J L L A S O M U G N K E K B U Q
H R Q E I L Q D V R V N O E I B
H H D T Y F U Z B C K I H O M R
P G G W C D P D T O G C F M F A
Q L M D X X G H S X X E U W J I
V B A O B O J E N O G Č C A B D
O E C V R G S P C G E R T Đ C E
V T J A A J I Y R X B V G J U D
Q A U R F V V A L E Ć O X S R N
V E E D B T A K R A T K O T L O
N Đ T Z G I A S N K S U H O Y C
B J A M V F O R V O J I F E R L
```

ĆELAV
CRNA
PLAVA
BRAIDED
PLETENICE
BROWN
OBOJENO
KOVRČE
CURLY

SUHO
SIVA
ZDRAV
DUGO
KRATKO
MEKO
DEBEO
TANAK
BELA

77 - Garden

```
S X X J K K B O V R D N O P K N
T Q V B R A A J W I B W U Y L Đ
Q Q L U B A V R A N N I S T U I
R F N G O U Z M N E Y E V M P O
Q N I M W S U P Q X Y R E L A K
D L L X X J I T X K Y A V X J G
Q P O G H G Z E G A R A Ž A L F
E S P P H R V R N J F T R Y M U
K D M V A M E A C N O R H I E E
C G A O Z T J S K V R A R X Z C
O G R A D A A A A A R V C N S R
M S T H T O J V Đ R N A V H Y I
M Z S B B Š Z N D T B P I D W J
A Y Đ A Z K A J N Ć O V J A S E
H R A K E J Đ B R O V M E V B V
K O R O V R Q X A G M L T P B O
```

KLUPA
GRM
OGRADA
CVIJET
GARAŽA
BAŠTA
TRAVA
HAMMOCK
CRIJEVO
TRAVNJAK

VOĆNJAK
POND
RAKE
LOPATA
ZEMLJA
TERASA
TRAMPOLIN
DRVO
VINE
KOROV

78 - Diplomacy

```
T P N O D T H F S A K A G V D Y
O T A J I S U K S I D M R Q I K
R E Z A V L M A P R Y B A S P W
I T U M Q A A E E E W A Đ I L H
P I M Q J J N D N Z V S A G O P
P R F T D N I A A O Z A N U M Y
Y G A Q Z D T S P L W D S R A Y
B E C V A A A S U V O K N T Đ
E T I C D R R B U C U R I O S U
H N N Z R A A M K I T G T S K C
F I D W V S C A O J S Y O T I Đ
C C E Y A I M K B A C L Z V Q W
G S J E G R A Đ A N I I Y F O Y
W V A R J E Š E N J E C J F Q R
O G Z S K F D B P O L I T I K A
S A V J E T N I K E T I K A I G
```

SAVJETNIK
AMBASADOR
GRAĐANI
GRAĐANSKI
ZAJEDNICA
SUKOB
SARADNJA
DIPLOMATSKI
DISKUSIJA
AMBASADE
ETIKA
VLADA
HUMANITARAC
INTEGRITET
PRAVDA
POLITIKA
REZOLUCIJA
SIGURNOST
RJEŠENJE
UGOVOR

79 - Beach

```
U K A S E J I P G R E B E N D S
X A I N P H P A Y U V L Y I K A
O R H Š K P P C G D G Đ X T T N
Q D S F O T W C X E Q U H J R D
O Y Z X M B F O U U C Y D Đ R A
D K Q M S R R F O K I R E E A L
M M I H H R G A L A B O X R D E
O O F G S Y E C N U S J M X R Q
R V E H X I R I D O K V P H I Z
W U Đ L Y K O L Z T X Q M H R U
U T W W D N M I D I Q E S L U B
V U A V L H K R Q O S I V H Č U
X Y E Đ Đ Y N D E E K L T N N E
K I N P U N A E C O B I A A I L
T M R O A E K J L O K Š O N K M
P L A V A N U G A L B N B X D P
```

PLAVA
BOAT
OBALA
RAK
DOK
ISLAND
LAGUNA
OCEAN
GREBEN
JEDRILICA
PIJESAK
SANDALE
MORE
ŠKOLJKE
SUNCE
RUČNIK
KIŠOBRAN
ODMOR

80 - Countries #1

```
K Y P N Q Đ W P N W U R B L E
E F S H J N X X D N U R W R A Q
J V Q M K D C G R M M K Y A T J
V C N U U M Y W E S N K Y Z V T
K A N A D A J I B I L V V I I V
B B Đ X J V N L G U I E F L J I
P O L J S K A W S Q Z G J A A J
V E N E C U E L A P R I M G J E
I L C X A Q H L T B A P A E I T
Š T N O R V E Š K A E A K N N N
F P A F K A R I T Q L T Č E U A
W F A L E O O P A N A M A S M M
A K S N I F R D D V Đ Q M Q U B
F K Q U I J A A B Z W W E H R M
S N V B W J A P M W Y Z J Z J G
W Q R A V G A R A K I N N A S D
```

BRAZIL   MAROKO
KANADA   NIKARAGVA
EGIPAT   NORVEŠKA
FINSKA   PANAMA
NJEMAČKA   POLJSKA
IRAK   RUMUNIJA
IZRAEL   SENEGAL
ITALIJA   ŠPANIJA
LATVIJA   VENECUELA
LIBIJA   VIJETNAM

81 - Adjectives #1

```
L O N V I D K B O E T E F S Q A
P N A E N V A O Z P T V H O O R
M Z Ć B U E N R R J M A K J O O
I O E I P L R O K I T T N G X M
P I R T T I E P D P S O Z A C A
U C S A O K D S M R B N K O K T
M I O N P O O T S I O A O P J I
J B H E Z D M T G V M J N L T C
E M Đ R H U Z T Đ L I L D P I N
T A P K A Š Y H X A O I E I Q O
N D K S B A D A Q Č O B J V T F
I N Č I T N E D I N Q Z I E U A
Č Z M R S C E Q D O R O R E F I
K Y K J Z J T E Š K A V V U Z R
I L H W K Đ Z E G Z O T I Č N O
P Q O V Y E P Z B P F E U Q Q U
```

POTPUNI
AMBICIOZNO
AROMATICNO
UMJETNIČKI
PRIVLAČNO
DIVNO.
DARK
EGZOTIČNO
VELIKODUŠAN
SREĆAN
TEŠKA
KORISNO
ISKREN
IDENTIČNI
BITAN
MODERNA
OZBILJAN
SPOR
TANAK
VRIJEDNO

82 - Rainforest

```
V A U C P Z H V K Y V I C A I R
A I T K E S N I R A S I S W P A
A D O O B L A C I Đ K H Q R E Z
G J Č A U T O H T O N I Đ Y B N
C T I P T I C E E J N A V U Č O
F H Š C L F J S R U B C U C T L
V D T S A C I N D E J A Z Y V I
B O E E G R H T S C V L J N R K
D O D U P D U G Đ G S C E P S O
Ž N T O S P K A N A T S P O T S
U D D A Z H J D T V T S R J A T
N E Q M N E Y F V S H O I J O C
G J F I C I M Đ B Q E M R O O G
L I K L X X Č C Y K L R O M O Đ
A R B K I Đ A K I U B U D T I E
M V Q V X V F C I B A B A C S T
```

VODOZEMCI
PTICE
BOTANIČKI
KLIMA
OBLACI
ZAJEDNICA
RAZNOLIKOST
AUTOHTONI
INSEKTI
DŽUNGLA
SISARI
MOSS
PRIRODA
OČUVANJE
UTOČIŠTE
RESTAURACIJA
VRSTA
OPSTANAK
VRIJEDNO

83 - Technology

```
I C A S K U R S O R L B D B Đ K
G N S G O N L A U T R I V Đ C A
X Y T T E F E V H N O O N O Đ C
V Y R E A X T T M C R J E Q M C
M D Đ C R T Y V V Đ Đ Y U O S E
S B A N B N I C E S F Đ R A F K
F G Z B A O E S U R I V G L J R
E O I R E F E T T P E M T Q Đ A
S L O V O N L A T I G I D F C N
H B A J T O V A C N K Y U D U Y
Đ D R P O D A C I L J A F N T P
B Y E J N A V I Ž A R T S I S M
O H M S I G U R N O S T I Đ T L
Y T A K U R O P E V F A I C L A
D W K I N D E L G E R P N R F H
R A Č U N A R H E Z B H I P X L
```

BLOG
PREGLEDNIK
BAJTOVA
KAMERA
RAČUNAR
KURSOR
PODACI
DIGITALNO
FAJL
FONT
INTERNET
PORUKA
ISTRAŽIVANJE
EKRAN
SIGURNOST
SOFTVER
STATISTIKA
VIRTUALNO
VIRUS

84 - Global Warming

```
S V A B B A B E N E R G I J A R
S Q P P F R G U P E J J I E M A
O T F K M K S E D V D G S Q I Z
K U A I N T D G N U P X H A L V
R Z B N Z I U R N E Ć T M F K O
I K V Č I K F N U G R N E T N J
Z U Đ U F Š B S U Đ A A O Đ R O
A D A A D G T J X Y G J C S C Y
Z N X N Z F E A G C A N G I T O
I N D U S T R I J A L Ž V C J M
P R O M J E N E G D W A D A S E
M X S Y H R S D A A K P X D K J
K H D H Y S P I S L F H K O G V
S N Đ C Q N Y J H V I Q B P H A
E O Z Đ L U P O P U L A C I J E
Z A K O N O D A V S T V O K L K
```

ARKTIK
PAŽNJA
PROMJENE
KLIMA
KRIZA
PODACI
RAZVOJ
ENERGIJA
BUDUĆNOST

GAS
GENERACIJE
VLADA
STANIŠTA
INDUSTRIJA
ZAKONODAVSTVO
SADA
POPULACIJE
NAUČNIK

85 - Landscapes

```
T K I X S I P J E Q H G H S W L
L U P O L U O T O K Y E E A I P
Q K N I S L A N D M I J F N H D
P A G D A Đ I S R S N Z W T O H
E J L D R I H Y B B J I J A T S
C N E S D A K E J I R R E L S R
P E Ć I N A Z X L N X M Z E R P
N D X S L M Z P D E L O E D Q S
P E H A J X R M O O E Č R A L S
U L D O L I N A O E L V O I M G
D C A N I N A L P R P A U U S R
T P P Ž C A K B J P E R O F U D
W V O X A E L Y E T F A S D J I
D D D R J C U P U S T I N J A A
Đ U O X T O V Y M A R M B G F W
I M V B A H D X P H O F U R Đ Y
```

PLAŽA
PEĆINA
PUSTINJA
GEJZIR
LEDENJAK
BRDO
SANTA LEDA
ISLAND
JEZERO
PLANINA

OASIS
OCEAN
POLUOTOK
RIJEKA
MORE
MOČVARA
TUNDRA
DOLINA
VULKAN
VODOPAD

86 - Plants

```
E M F C V I J E T K L B F Q X M
B D D L Q K R Đ S A A R G N L H
A G N G O D E N Q K T Š O B F N
H D O V I R B U Đ T I L W N T I
B A M B U S A Đ W U C J T C Z E
B K B B W K V O H S A A Š U M A
F I E Y W H A R G C N N R B Y B
M N R N C Q R D R V O B A Š T A
O A R T A K T Z O M L D V E M D
S T Y S U N T H A V U I D E Đ W
S O R Q T L J G O L R F K I D Z
J B K P L E Ć Š I L O Z L G N L
T I A M W W M G J B O U O G I N
I S H I I Đ X G R F T L E B M Q
C T G N Y F S S W M L I C J T T
J Y I V E G E T A C I J A R N X
```

BAMBUS
GRAH
BERRY
BOTANIKA
GRM
KAKTUS
ĐUBRIVO
FLORA
CVIJET
LIŠĆE

ŠUMA
BAŠTA
TRAVA
BRŠLJAN
MOSS
LATICA
ROOT
STEM
DRVO
VEGETACIJA

87 - Countries #2

```
W C F C D P W V R S V L K N J L
G R Č K A K J A M A J I P I A I
N C Q M J J B Đ E P K B G G P B
L B B E I D I V Đ Đ Z E A E A A
Q G F K R Y W P G E M R L R N N
N A T S I K A P O I I I B I U O
B Z B I S Q X U Y I A J A J Y N
F K H K D A N S K A T A N A D J
N O I O R U S I J A N E I N A N
S O M A L I J A X S Y M J I L R
L A O S N E R N H N L O A J C P
D E D I E X B U K A S Y K A W Đ
Y Q J N P G P P I D I I X R F M
G S E B A V Z W P U J T S K R Q
Q T M B L G L X Đ S K O I U K R
F J K H W N U I F R A V Z U I T
```

ALBANIJA
DANSKA
ETIOPIJA
GRČKA
HAITI
JAMAJKA
JAPAN
LAOS
LIBANON
LIBERIJA
MEKSIKO
NEPAL
NIGERIJA
PAKISTAN
RUSIJA
SOMALIJA
SUDAN
SIRIJA
UGANDA
UKRAJINA

88 - Ecology

```
Q A B Z K H B Đ Y Y W K D D F G
V T I H A L V I W P F A L M B L
G S I R E T N O L O V M O I S Q
P R I R O D N O F J L M H V M J
H V R R H R Z S T A K P X B Z A
O N Z R P E S B V E N E S L U P
B D A J I C A T E G E V K V S L
R X H M K I S R U S E R O V C A
K X S T A N I Š T E N I R A M N
N D R O N D B N F D D A C N V I
V Q A S A E O D R Ž I V O U Z N
G O M U T J M V T O D F X A L E
A W T Š S A D O R I R P L F L U
V Q K A P Z D M R K W X Y O A G
C X L X O G L O B A L N O Y R A
S R A Z N O L I K O S T Đ P T A
```

KLIMA
ZAJEDNICE
RAZNOLIKOST
SUŠA
FAUNA
FLORA
GLOBALNO
STANIŠTE
MARINE
MARSH
PLANINE
PRIRODNO
PRIRODA
BILJKE
RESURSI
VRSTA
OPSTANAK
ODRŽIVO
VEGETACIJA
VOLONTERI

89 - Adjectives #2

```
E L E G A N T A N E R A D A N U
Ć K J D U S Y M A H I S Y L Đ F
U R F I Z S X P P Z C F L I Đ H
R E P V H A M C S S U H O A P C
V A O L C O N D O R I R P J N B
A T N J E N A I P H O Y F R A O
F I O I Q V R U M E B O T T G K
Č V S V R I O N L L Q N C W S G
U A A U K T V Y F M J Č N O V O
V N N Z L K O Z X B Y I K I J N
E W B L F U G L V N L T V W F S
N I I R I D D O W H V N A O N I
V G W W D O O P Z I Q E R U L P
N L A Q R R Q J I M T T D R T O
N V L N T P R O T C F U Z Y Q W
Q H G L A D A N W M K A A O Đ M
```

AUTENTIČNO
KREATIVAN
OPISNO
SUHO
ELEGANTAN
ČUVEN
NADAREN
ZDRAV
VRUĆE
GLADAN
ZANIMLJIVO
PRIRODNO
NOVO
PRODUKTIVNO
PONOSAN
ODGOVORAN
SLANO
POSPAN
JAK
DIVLJI

90 - Psychology

```
G O D K B W C V E M O C I J E I
V T J X L O Q P L O G I E B J E
S C E H K I L S I M W T D X S W
J G T Y G O N E E I N S H E J X
Đ B I V O N S I S U K O B Đ J N
S S N K V S A S Č I I N O Y M E
Y T J Z J E S W E K C Č E L A Y
P V E Đ M J T H Z N I I K G L Y
R A J S K V A Y K G Z L Z Y R G
O R E P A S N U C I G A B S A I
B N K O G E A J I C P E C R E P
L O U Z M N K D O J T Q S I V F
E S N N P O N A Š A N J E J J U
M T O A V T S U K S I F N A S A
O Q L J P R O C J E N A E N Q Z
R K H A J I P A R E T D N N K Z
```

SASTANAK
PROCJENA
PONAŠANJE
DJETINJE
KLINIČKI
SPOZNAJA
SUKOB
SNOVI
EGO
EMOCIJE

ISKUSTVA
IDEJE
PERCEPCIJA
LIČNOST
PROBLEM
STVARNOST
SENZACIJA
TERAPIJA
MISLI
NESVJESNO

91 - Math

```
W M D B E S Q X A O I C K T J V
N K X R A T E M I R E P D X E O
K I N O A G U O V A R P O P P L
J V O J P R Z W A M E R B W A U
A O G E A J M A I U T A I E R M
N L I V R J I H J S E D M X A E
H G L I I P I N U D M I W P L G
A U O H T K A R T P A J Q O E E
T I P E M Q V R T D I U L N L O
K Y R X E M X A A E D S E E O M
Q I Q C T C H X D L M Đ M N G E
J G N Z I S D Z J R E I G T R T
M I Y Đ K F B E B Z A L S T A R
A N I Č A N D E J P D T N C M I
D E C I M A L N I T C H F O B J
T R O U G A O Y N X P J T C F A
```

UGLOVI
ARITMETIKA
OBIM
DECIMALNI
DIAMETER
JEDNAČINA
EXPONENT
GEOMETRIJA
BROJEVI
PARALELNO
PARALELOGRAM
PERIMETAR
POLIGON
RADIJUS
PRAVOUGAONIK
KVADRAT
SUMA
SIMETRIJA
TROUGAO
VOLUME

92 - Activities

```
H M A G I J A B H S T A M R Z I
K Y A P T D V O L I L J N E A U
V V N T A V O Z L P J I Đ J D M
X X I Y N Z L Q H L E F K N O U
Y I T Y A W O V W E W A D A V M
T X Š K Z D B B S T M R B R O O
S K E R A M I K A E P G L I L V
O R J E N P R B Y N E O S P J C
N I V J J Y I S J J J T D M S W
T S O N V I T K A E N O Q A T P
E W A A P G O J V B A F P K V N
J O V T S R A L T R V H U G O M
M O G Š O E J N A T I Č M O U H
U E R U S I E L S X Š Đ A F M E
C C M P W J P O R P N Đ X K C N
U Z I O Z Z A G O N E T K E T G
```

AKTIVNOST
UMJETNOST
KAMPIRANJE
KERAMIKA
ZANATI
RIBOLOV
IGRE
VRTLARSTVO
LOV
PLETENJE

LEISURE
MAGIJA
SLIKA
FOTOGRAFIJA
ZADOVOLJSTVO
ZAGONETKE
ČITANJE
OPUŠTANJE
ŠIVANJE
VJEŠTINA

93 - Business

```
P G A L F I Z E R O P F B F W H
F R E Ž D A N E M C R I U I W E
Q O O P Z O B W N M I N D R R K
A J A D O R P R S O H A Ž M K O
L Q K J A S W L I V O N E A R N
C U A I J V L Y S K D S T : O O
O W R E I C N O Q S A I S X B M
O N I R R W P I D T H J O O A I
H G J H A L O N C A V E K G T J
P M E O L W P E E A V V V A U A
U Q R A E F U L N X F A A U L H
A O A A C J S S O K A U C D A Đ
F G C B N A T O V I X O Đ Đ V B
U P W T A X B P A O R I I K N T
W D S I K V M A C S G T L Z B O
T Q Y D F H T Z U L A G A N J E
```

BUDŽET
KARIJERA
FIRMA:
KOST
VALUTA
POPUST
EKONOMIJA
ZAPOSLENI
POSLODAVAC
FABRIKA

FINANSIJE
PRIHOD
ULAGANJE
MENADŽER
ROBA
NOVAC
KANCELARIJA
PRODAJA
PRODAVNICA
POREZI

94 - The Company

```
F H K B D O H I R P S U O K M W
J J N Z A I N L X B A G D R O P
Z A A Z Q I B V N G G L L E G R
T A N D R F P H I X H E U A U E
H R P T F L J N S T K D K T Ć Z
T G E O P X Z T R D A L A I N E
P L J N Š K G D U M D V Q V O N
O O N J D L L C S S E Z O A S T
S B A E O O J I E B R J X N T A
A A G D V K V A R I P A H W I C
O L A I Z D K I V R A H Y Đ Z I
G N L N I C J U N A N K T Đ T J
V O U I O T U P P O N V E O X A
I T E C R R I Z I C I J V X M N
U P U E P I S H W C R D E R U M
K K V A L I T E T E L W Đ A P R
```

POSAO
KREATIVAN
ODLUKA
ZAPOŠLJAVANJE
GLOBALNO
INOVATIVNO
ULAGANJE
MOGUĆNOST
PREZENTACIJA
PROIZVOD
NAPREDAK
KVALITET
UGLED
RESURSI
PRIHOD
RIZICI
TRENDOVI
JEDINICE

95 - Literature

```
U Q U L S O I P R Đ S U Y Q A R
O I K I C C E S O Q E I H V N E
M E T A F O R A V E T B C S A V
T J R T Č B J Đ X L T T Q R L H
R N K O L U W S X Q O I E O O W
A E O D R R J D Q F P L K T G Z
G Đ H G T G O L A J I D H A I Q
E E S E M Z R D K G S C C R J O
D R V N B I O G R A F I J A A A
I O P A R S D Z Z F Z Đ Đ N M U
J P O Z I R O M A N I O E D S T
A P E J T Y T E M A J K R Y Y O
J V M J A A N A L I Z A C M A R
E H A K M S T I L J B P N I U G
T T U O E C U N O Y S S A Q J T
Z S N Đ X W Q Y J E R I M A K A
```

ANALOGIJA
ANALIZA
ANEGDOTA
AUTOR
BIOGRAFIJA
POREĐENJE
ZAKLJUČAK
OPIS
DIJALOG
FIKCIJA

METAFORA
NARATOR
ROMAN
POEMA
POETIKA
RIMA
RITAM
STIL
TEMA
TRAGEDIJA

96 - Geography

```
R S M S F H P K Z O R I J E K A
E V Q J V E W L V I S I N A L P
G I E E I M D Y A H M W V I Z A
I J U V J I L U Q N R D L Z N M
O E Y E D S A L T A I M X A N D
N T I R Đ F J P N I G N O P K H
Đ Y Q F H E L I E I T G A A E Z
J U G D M R M N N H O A C D M M
P X K T J A E Z I G O R L A H Y
X O Đ K D D Z B T L S U B R R G
J N G G A Q Y T N A S Đ T G D C
J Z T Z A J I R O T I R E T D P
H L O W S E A F K O K F H L E F
M E R I D I J A N N Đ Q M O R E
I S L A N D O C E A N O J Y H Đ
X A X A X V K N I W K W Đ X H P
```

VISINA
ATLAS
GRAD
KONTINENT
ZEMLJA
HEMISFERA
ISLAND
LATITUDE
MAPA
MERIDIJAN
PLANINA
SJEVER
OCEAN
REGION
RIJEKA
MORE
JUG
TERITORIJA
ZAPAD
SVIJET

97 - Jazz

```
F Č P N H D M J C E B N Z I J Z
A M U B L A M S E J P A O Q J I
V K F V P R O T I Z O P M O K M
O A N A E M U Z I K A Q F R J P
R A Đ T D N N A G L A S A K D R
I Q L S Z G X L O K G H N M U O
T W G A R A T S E K R O B D K V
I A M S Z R P B U B N J E V I I
Đ T L F V I I L I T S O T X N Z
Q C L Y E T Z N A K I N H E T A
B X Y K F A H P O U J Đ V D E C
S T A R B M I T C V Z F A G J I
K O N C E R T N W Đ O A C J M J
C M V I G Q F J V M A U Y X U A
G D L U G L E B T A V S C Đ U U
G B I J S R G O W X E S R W K V
```

ALBUM
APLAUZ
UMJETNIK
KOMPOZITOR
SASTAV
KONCERT
BUBNJEVI
NAGLASAK
ČUVEN
FAVORITI
IMPROVIZACIJA
MUZIKA
NOVO
STAR
ORKESTAR
RITAM
PJESMA
STIL
DAR
TEHNIKA

98 - Nature

```
Ž P Č E L E D S A M U Š G A N L
M I I A W J I E L E D E N J A K
G D V T I Y V R G L B M R Z J L
N E Đ O F D L E A I V Z H Z N A
K M Q P T Z J N M A A K E J I R
J G A E Z I I E W M J K Y N T K
C D L J E G N P L A N I N E S T
E O L L F Đ J J H U P Đ Z X U I
M B K R W P M P E M H U E O P K
J L S V E T I Š T E Đ L C W R L
N A D I N A M I Č K I L I Š Ć E
E C M S T Q N U B A O M T W I Đ
N I K S P O R T W K D T I N H X
O Z Y J J H W V B Q Y P L R N S
M T C Q I R W C I Z O R B C N R
V E G H O O C R F L J W R J O O
```

ŽIVOTINJE
ARKTIK
LJEPOTA
PČELE
LITICE
OBLACI
PUSTINJA
DINAMIČKI
EROZIJA
MAGLA

LIŠĆE
ŠUMA
LEDENJAK
PLANINE
MIRNO
RIJEKA
SVETIŠTE
SERENE
TROPSKI
DIVLJI

99 - Vacation #2

```
G B S Y D M X W M O R K N Z Q Q
A T S E Z N U V H D L I D A A N
G W G R L C A N A R T S X V L R
M Đ Đ Z W S Ž L O E R U S I E L
G U X X P Q A P S D O D S C R E
M Y A I A I L A S I V M X U O T
V F L E S W P Q T Š A N C E M O
M O R D O R E A R T Š A T O R H
D Q Z L Š G I M A E Z R R M L T
T A K S I T K O N S G O O Y I H
G P M Z O V G X I Y V T P D H C
K A M P I R A N J E F S S X V Z
U M O N U F A P D G K E N N Đ R
P L A N I N E J X B F R A N J E
X E W Đ F O V H L D J V R Đ H G
P U T O V A N J E P F E T T G X
```

AERODROM
PLAŽA
KAMPIRANJE
ODREDIŠTE
STRANI
STRANAC
HOTEL
ISLAND
PUTOVANJE
LEISURE

MAPA
PLANINE
PASOŠ
RESTORAN
MORE
TAKSI
ŠATOR
VOZ
TRANSPORT
VISA

100 - Electricity

```
P S D R F X V A Z C O S E C G G
L U I I Y L H O A Z B O A C R E
V L W J O N E W Đ W J X W G R N
F R O S A M E R P O E D L X S E
O S Q M Q L C I P F K Y A J S R
N W K Z R Y I B Q Z T F S B O A
V T O Q X F Ž C F F I S E S C T
I V L O N V I T A G E N R K K O
T W I H N R A Č I R T K E L E R
I N Č I R T K E L E Š M L T T Z
Z T I V O Y I Y C Q I E R Q E E
O D N O F E L E T C D F Đ E B D
P G A J I R E T A B A K X P Ž B
T E L E V I Z I J A L S A G F A
Y V G A L A M P A F K G X B S P
M A G N E T E C O W S J O N L X
```

BATERIJA
SIJALICA
KABL
ELEKTRIČNI
ELEKTRIČAR
OPREMA
GENERATOR
LAMPA
LASER
MAGNET
NEGATIVNO
MREŽA
OBJEKTI
POZITIVNO
KOLIČINA
SOCKET
SKLADIŠTE
TELEFON
TELEVIZIJA
ŽICE

1 - Antiques

2 - Food #1

3 - Measurements

4 - Farm #2

5 - Books

6 - Days and Months

7 - Energy

8 - Archeology

9 - Food #2

10 - Chemistry

11 - Music

12 - Family

13 - Farm #1

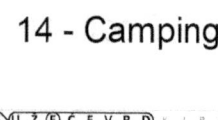

14 - Camping

15 - Algebra

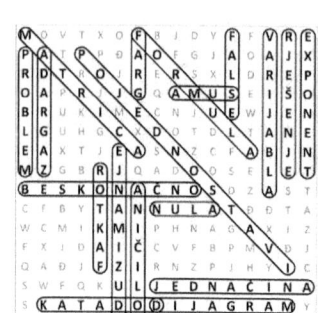

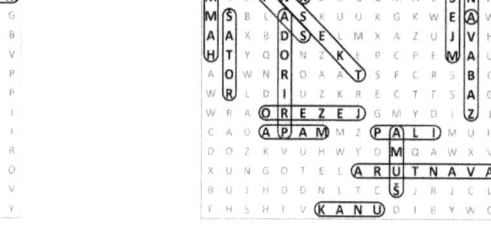

16 - Numbers

17 - Spices

18 - Universe

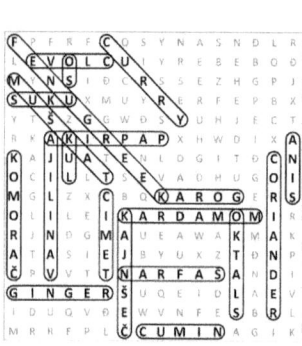

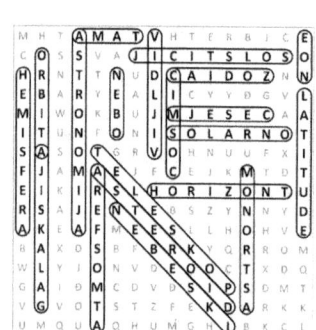

19 - Mammals

20 - Bees

21 - Photography

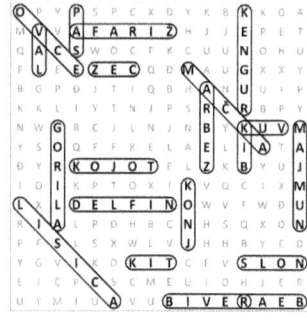

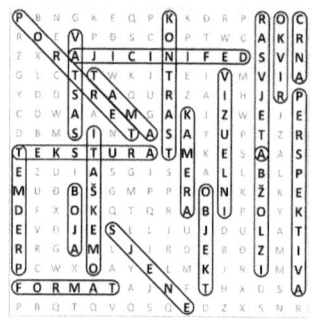

22 - Weather

23 - Adventure

24 - Geology

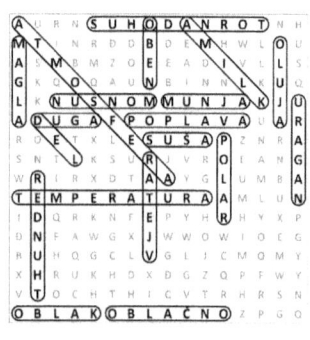

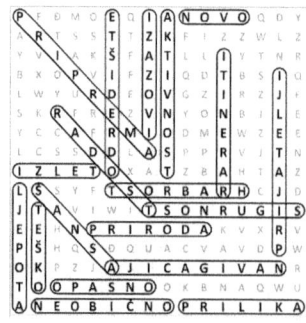

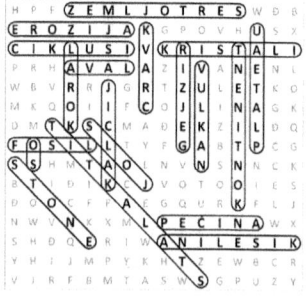

25 - House
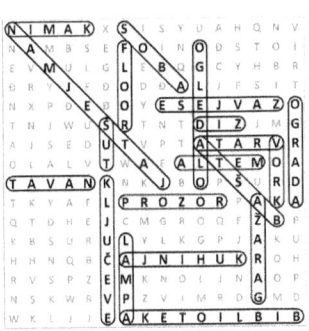

26 - Physics
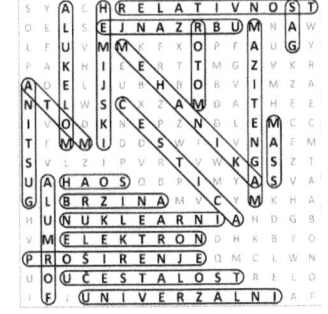

27 - Colors
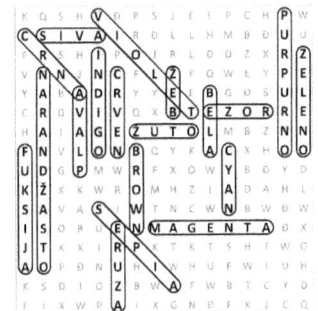

28 - Shapes
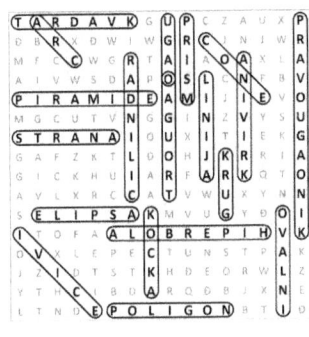

29 - Scientific Disciplines
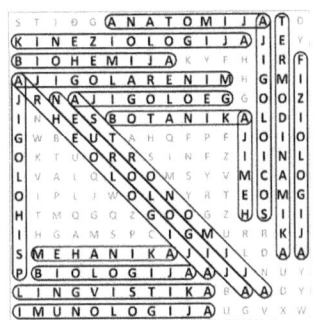

30 - Science
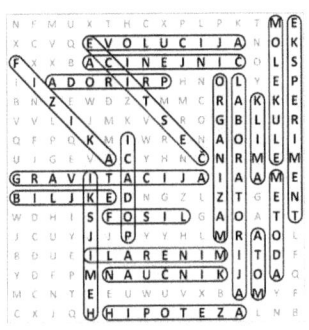

31 - Beauty
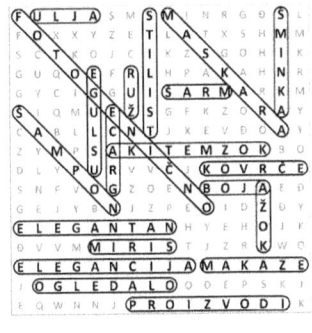

32 - Clothes
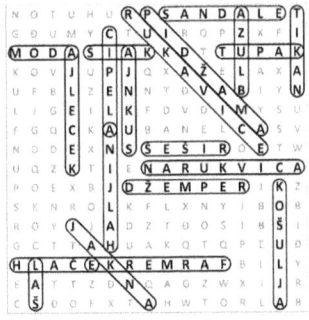

33 - Insects
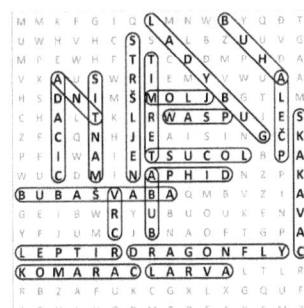

34 - Astronomy
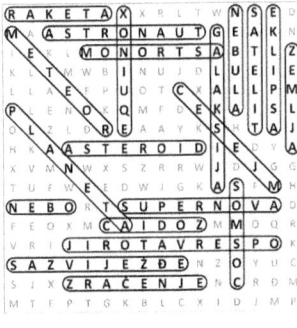

35 - Health and Wellness #2
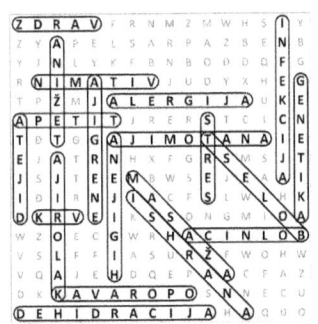

36 - Disease
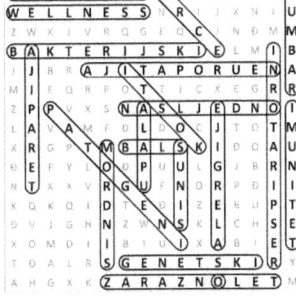

37 - Time

38 - Buildings

39 - Philanthropy

40 - Gardening

41 - Herbalism

42 - Vehicles

43 - Flowers

44 - Health and Wellness #1

45 - Town

46 - Antarctica

47 - Ballet

48 - Human Body

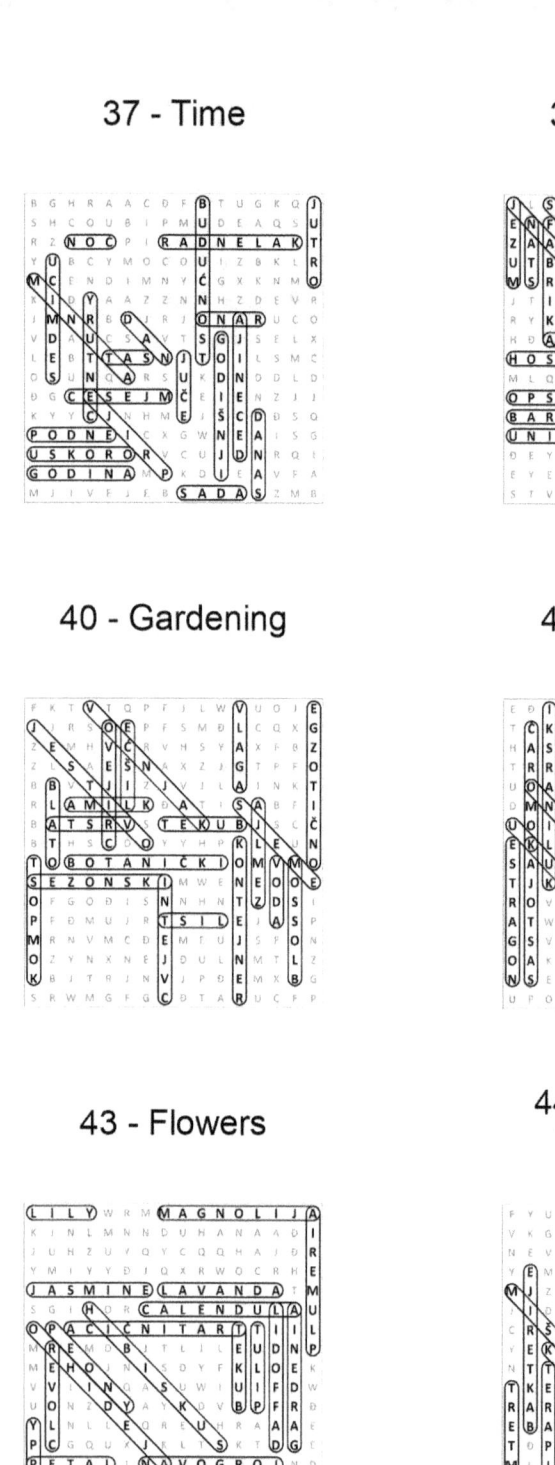

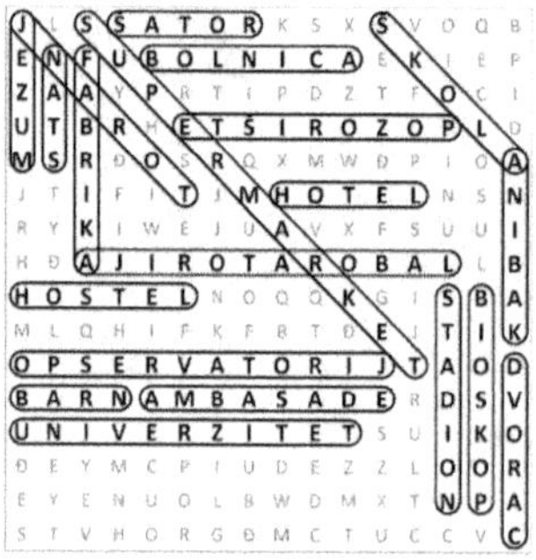

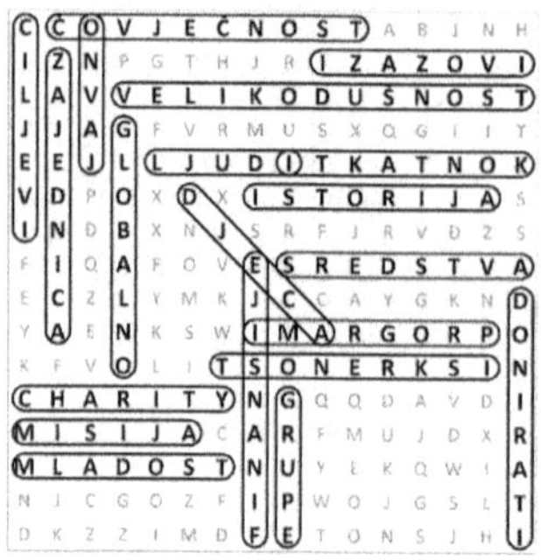

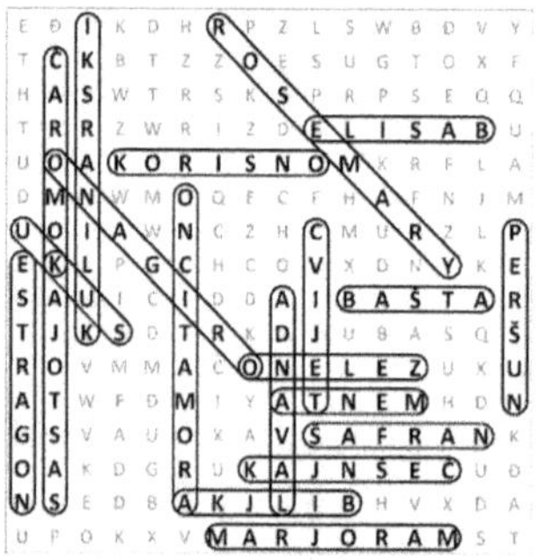

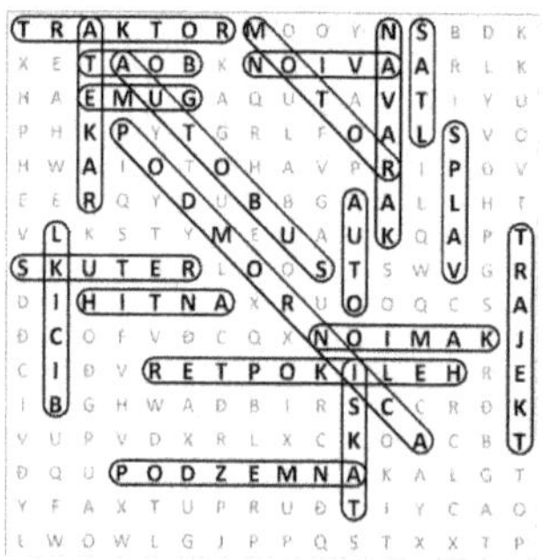

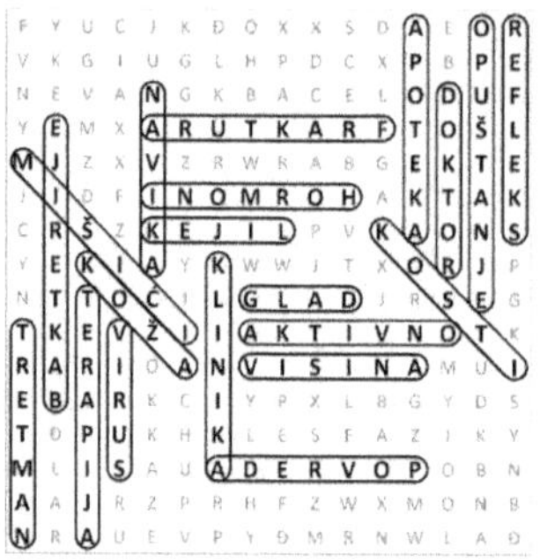

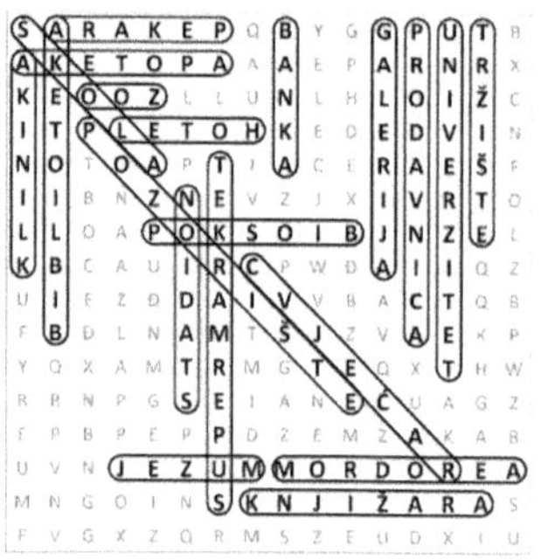

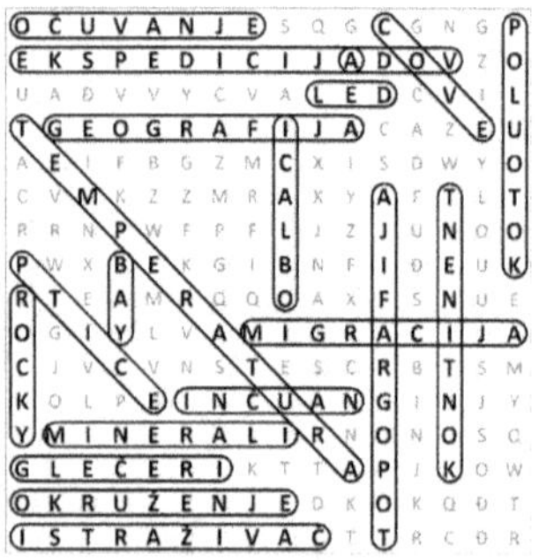

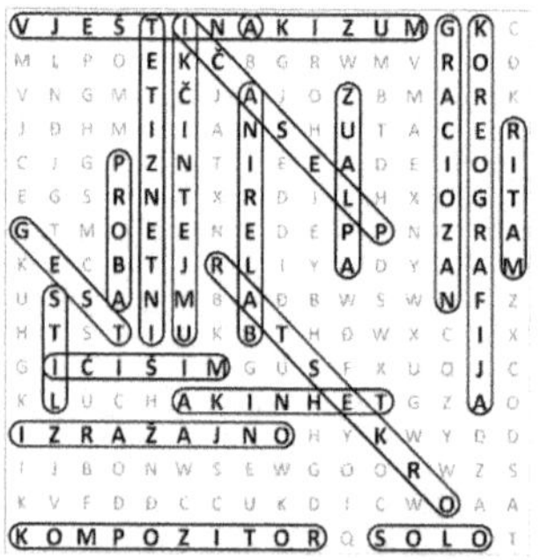

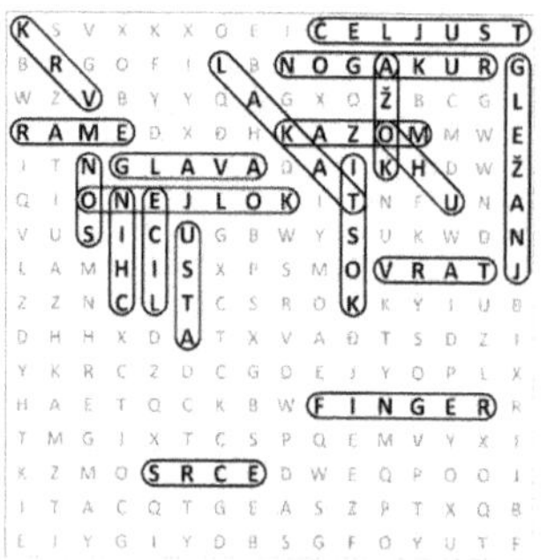

49 - Musical Instruments

50 - Fruit

51 - Engineering

52 - Kitchen

53 - Government

54 - Art Supplies

55 - Science Fiction

56 - Geometry

57 - Creativity

58 - Airplanes

59 - Ocean

60 - Force and Gravity

61 - Birds

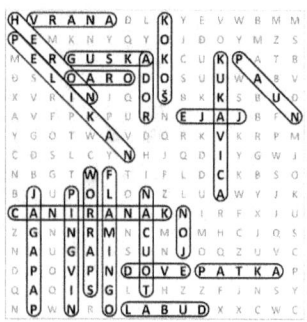

62 - Nutrition

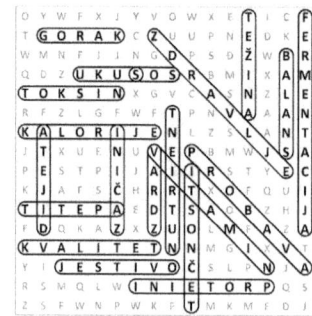

63 - Hiking

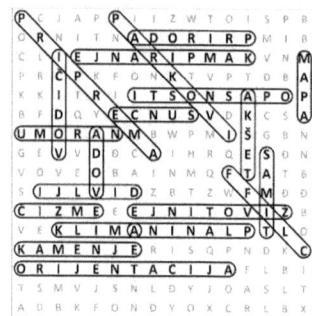

64 - Professions #1

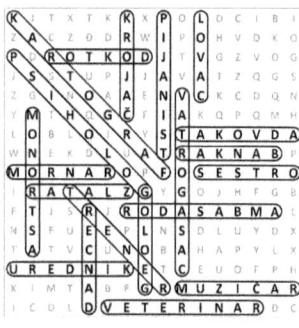

65 - Barbecues

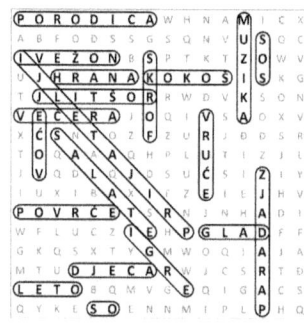

66 - Chocolate

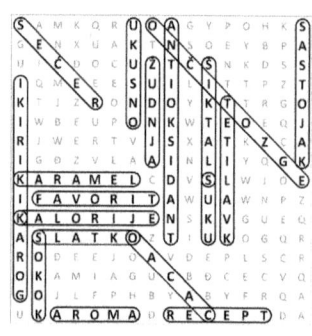

67 - Vegetables

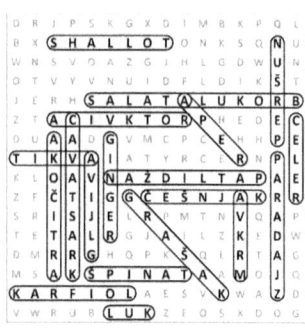

68 - The Media

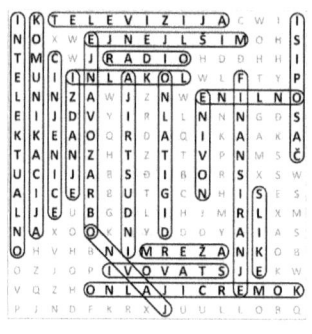

69 - Boats

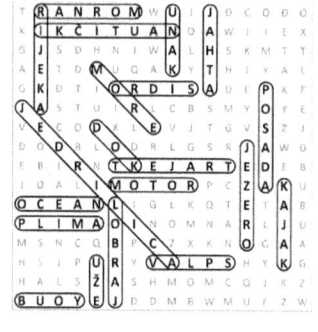

70 - Activities and Leisure

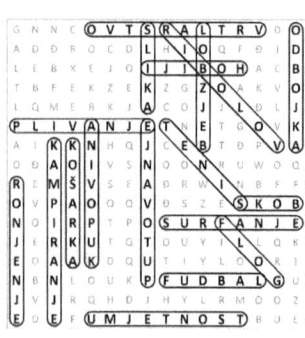

71 - Driving

72 - Biology

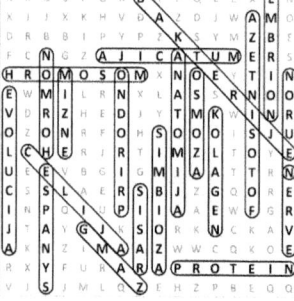

73 - Professions #2

74 - Mythology

75 - Agronomy

76 - Hair Types

77 - Garden

78 - Diplomacy

79 - Beach

80 - Countries #1

81 - Adjectives #1

82 - Rainforest

83 - Technology

84 - Global Warming

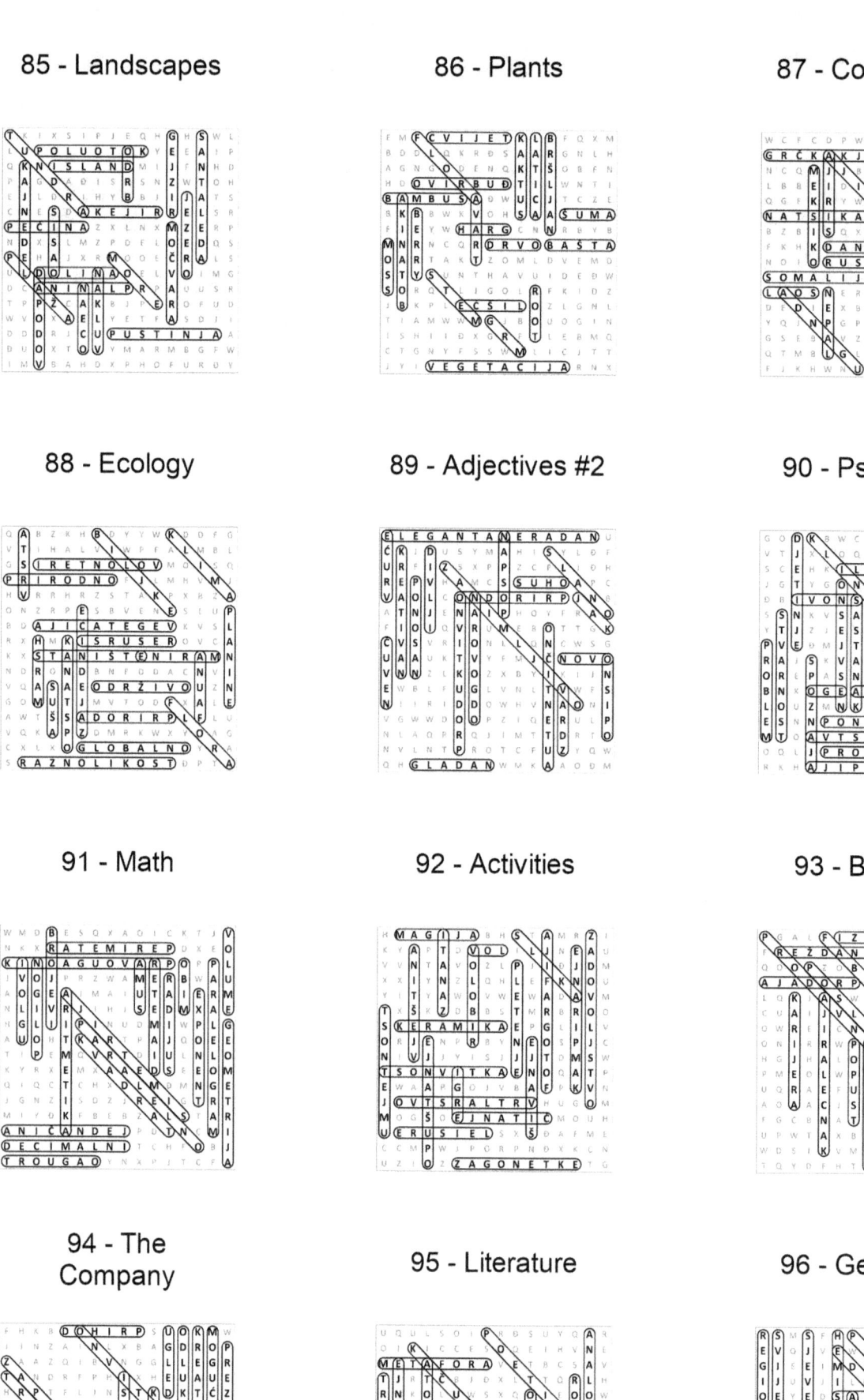

97 - Jazz

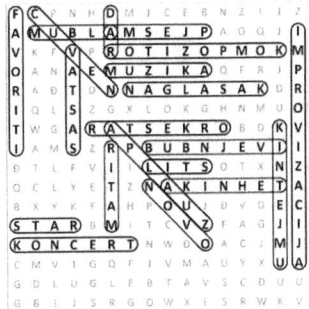

98 - Nature

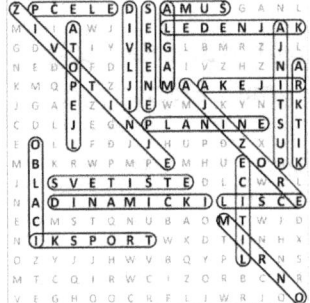

99 - Vacation #2

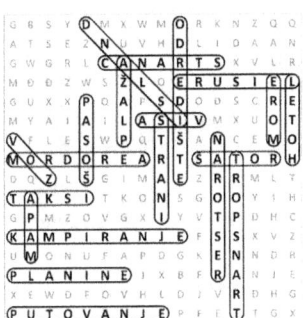

100 - Electricity

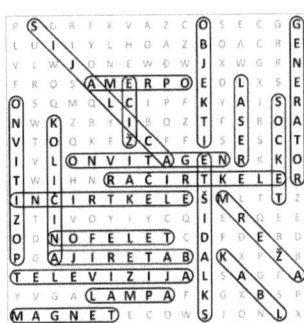

Dictionary

Activities
Aktivnosti

Activity	Aktivnost
Art	Umjetnost
Camping	Kampiranje
Ceramics	Keramika
Crafts	Zanati
Fishing	Ribolov
Games	Igre
Gardening	Vrtlarstvo
Hunting	Lov
Knitting	Pletenje
Leisure	Leisure
Magic	Magija
Painting	Slika
Photography	Fotografija
Pleasure	Zadovoljstvo
Puzzles	Zagonetke
Reading	Čitanje
Relaxation	Opuštanje
Sewing	Šivanje
Skill	Vještina

Activities and Leisure
Aktivnosti i Slobodno Vr

Art	Umjetnost
Baseball	Bejzbol
Basketball	Košarka
Boxing	Boks
Camping	Kampiranje
Diving	Ronjenje
Fishing	Ribolov
Gardening	Vrtlarstvo
Golf	Golf
Hobbies	Hobiji
Painting	Slika
Shopping	Kupovina
Soccer	Fudbal
Surfing	Surfanje
Swimming	Plivanje
Tennis	Tenis
Travel	Putovanje
Volleyball	Odbojka

Adjectives #1
Pridjevi #1

Absolute	Potpuni
Ambitious	Ambiciozno
Aromatic	Aromaticno
Artistic	Umjetnički
Attractive	Privlačno
Beautiful	Divno.
Dark	Dark
Exotic	Egzotično
Generous	Velikodušan
Happy	Srećan
Heavy	Teška
Helpful	Korisno
Honest	Iskren
Identical	Identični
Important	Bitan
Modern	Moderna
Serious	Ozbiljan
Slow	Spor
Thin	Tanak
Valuable	Vrijedno

Adjectives #2
Pridjevi #2

Authentic	Autentično
Creative	Kreativan
Descriptive	Opisno
Dry	Suho
Elegant	Elegantan
Famous	Čuven
Gifted	Nadaren
Healthy	Zdrav
Hot	Vruće
Hungry	Gladan
Interesting	Zanimljivo
Natural	Prirodno
New	Novo
Productive	Produktivno
Proud	Ponosan
Responsible	Odgovoran
Salty	Slano
Sleepy	Pospan
Strong	Jak
Wild	Divlji

Adventure
Avantura

Activity	Aktivnost
Beauty	Ljepota
Bravery	Hrabrost
Challenges	Izazovi
Chance	Šansa
Dangerous	Opasno
Destination	Odredište
Difficulty	Teško
Enthusiasm	Entuzijazam
Excursion	Izlet
Friends	Prijatelji
Itinerary	Itinerar
Joy	Radost
Nature	Priroda
Navigation	Navigacija
New	Novo
Opportunity	Prilika
Preparation	Priprema
Safety	Sigurnost
Unusual	Neobično

Agronomy
Agronomija

Agriculture	Poljoprivreda
Diseases	Bolesti
Ecology	Ekologija
Energy	Energija
Environment	Okruženje
Erosion	Erozija
Farming	Zemljoradnja
Fertilizer	Đubrivo
Food	Hrana
Growth	Rast
Organic	Organski
Plants	Biljke
Pollution	Zagađenje
Production	Proizvodnja
Rural	Seoski
Science	Nauka
Seeds	Sjeme
Study	Studija
Vegetables	Povrće
Water	Voda

Airplanes
Avioni

Adventure	Avantura
Air	Zrak
Atmosphere	Atmosfera
Balloon	Balon
Construction	Gradnja
Crew	Posada
Descent	Descent
Design	Dizajn
Direction	Pravac
Engine	Motor
Fuel	Gorivo
Height	Visina
History	Istorija
Hydrogen	Vodik
Landing	Sletanje
Passenger	Putnik
Pilot	Pilot
Propellers	Propeleri
Sky	Nebo
Turbulence	Turbulencija

Algebra
Algebra

Addition	Dodatak
Diagram	Dijagram
Equation	Jednačina
Exponent	Exponent
Factor	Faktor
False	False
Formula	Formula
Graph	Graf
Infinite	Beskonačno
Matrix	Matrica
Number	Broj
Parenthesis	Zagrada
Problem	Problem
Quantity	Količina
Simplify	Pojednostavi
Solution	Rješenje
Subtraction	Oduzimanje
Sum	Suma
Variable	Varijabla
Zero	Nula

Antarctica
Antarktika

Bay	Bay
Birds	Ptice
Clouds	Oblaci
Conservation	Očuvanje
Continent	Kontinent
Cove	Cove
Environment	Okruženje
Expedition	Ekspedicija
Geography	Geografija
Glaciers	Glečeri
Ice	Led
Migration	Migracija
Minerals	Minerali
Peninsula	Poluotok
Researcher	Istraživač
Rocky	Rocky
Scientific	Naučni
Temperature	Temperatura
Topography	Topografija
Water	Voda

Antiques
Antikviteti

Art	Umjetnost
Auction	Aukcija
Authentic	Autentično
Century	Century
Coins	Kovanice
Decades	Decenije
Decorative	Ukrasno
Elegant	Elegantan
Furniture	Namještaj
Gallery	Galerija
Investment	Ulaganje
Jewelry	Nakit
Old	Star
Price	Cijena
Quality	Kvalitet
Restoration	Restauracija
Sculpture	Skulptura
Style	Stil
Unusual	Neobično
Value	Vrijednost

Archeology
Arheologija

Analysis	Analiza
Ancient	Drevni
Antiquity	Antika
Bones	Kosti
Civilization	Civilizacija
Descendant	Potomak
Era	Era
Evaluation	Procjena
Expert	Stručnjak
Findings	Nalazi
Fossil	Fosil
Fragments	Fragmenti
Mystery	Misterija
Objects	Objekti
Relic	Relikvija
Researcher	Istraživač
Team	Tim
Temple	Hram
Tomb	Grobnica
Unknown	Nepoznat

Art Supplies
Umjetnički Pribor

Acrylic	Akril
Brushes	Četke
Camera	Kamera
Chair	Stolica
Clay	Glina
Colors	Boje
Crayons	Bojice
Creativity	Kreativnost
Easel	Easel
Eraser	Brisač
Glue	Ljepilo
Ideas	Ideje
Ink	Mastilo
Oil	Ulje
Paper	Papir
Pastels	Pastels
Pencils	Olovke
Table	Stol
Water	Voda

Astronomy
Astronomija

Asteroid	Asteroid
Astronaut	Astronaut
Astronomer	Astronom
Constellation	Sazviježđe
Cosmos	Cosmos
Earth	Zemlja
Eclipse	Eklipsa
Equinox	Equinox
Galaxy	Galaksija
Meteor	Meteor
Moon	Mjesec
Nebula	Nebula
Observatory	Opservatorij
Planet	Planeta
Radiation	Zračenje
Rocket	Raketa
Satellite	Satelit
Sky	Nebo
Supernova	Supernova
Zodiac	Zodiac

Ballet
Balet

Applause	Aplauz
Artistic	Umjetnički
Ballerina	Balerina
Choreography	Koreografija
Composer	Kompozitor
Dancers	Plesači
Expressive	Izražajno
Gesture	Gest
Graceful	Graciozan
Intensity	Intenzitet
Muscles	Mišići
Music	Muzika
Orchestra	Orkestar
Rehearsal	Proba
Rhythm	Ritam
Skill	Vještina
Solo	Solo
Style	Stil
Technique	Tehnika

Barbecues
Roštilji

Chicken	Kokoš
Children	Djeca
Dinner	Večera
Family	Porodica
Food	Hrana
Forks	Forks
Friends	Prijatelji
Fruit	Voće
Games	Igre
Grill	Roštilj
Hot	Vruće
Hunger	Glad
Knives	Noževi
Music	Muzika
Salads	Salate
Salt	So
Sauce	Sos
Summer	Leto
Tomatoes	Paradajz
Vegetables	Povrće

Beach
Plaža

Blue	Plava
Boat	Boat
Coast	Obala
Crab	Rak
Dock	Dok
Island	Island
Lagoon	Laguna
Ocean	Ocean
Reef	Greben
Sailboat	Jedrilica
Sand	Pijesak
Sandals	Sandale
Sea	More
Shells	Školjke
Sun	Sunce
Towel	Ručnik
Umbrella	Kišobran
Vacation	Odmor

Beauty
Ljepota

Charm	Šarm
Color	Boja
Cosmetics	Kozmetika
Curls	Kovrče
Elegance	Elegancija
Elegant	Elegantan
Fragrance	Miris
Grace	Grace
Lipstick	Ruž
Makeup	Šminka
Mascara	Maskara
Mirror	Ogledalo
Oils	Ulja
Photogenic	Fotogenično
Products	Proizvodi
Scissors	Makaze
Services	Usluge
Shampoo	Šampon
Skin	Koža
Stylist	Stilist

Bees
Pčele

Beneficial	Korisno
Blossom	Blossom
Diversity	Raznolikost
Ecosystem	Ekosistem
Flowers	Cvijeće
Food	Hrana
Fruit	Voće
Garden	Bašta
Habitat	Stanište
Hive	Hive
Honey	Med
Insect	Insekt
Plants	Biljke
Pollen	Polen
Pollinator	Oprašivač
Queen	Kraljica
Smoke	Dim
Sun	Sunce
Swarm	Roj
Wax	Wax

Biology
Biologija

Anatomy	Anatomija
Bacteria	Bakterije
Cell	Ćelija
Chromosome	Hromosom
Collagen	Kolagen
Embryo	Embrion
Enzyme	Enzim
Evolution	Evolucija
Hormone	Hormon
Mammal	Sisar
Mutation	Mutacija
Natural	Prirodno
Nerve	Nerve
Neuron	Neuron
Osmosis	Osmoza
Photosynthesis	Fotosinteza
Protein	Protein
Reptile	Gmaz
Symbiosis	Simbioza
Synapse	Synapse

Birds
Ptice

Canary	Kanarinac
Chicken	Kokoš
Crow	Vrana
Cuckoo	Kukavica
Dove	Dove
Duck	Patka
Eagle	Orao
Egg	Jaje
Flamingo	Flamingo
Goose	Guska
Heron	Heron
Ostrich	Noj
Parrot	Papagaj
Peacock	Paun
Pelican	Pelikan
Penguin	Pingvin
Sparrow	Sparrow
Stork	Roda
Swan	Labud
Toucan	Toucan

Boats
Brodovi

Anchor	Sidro
Buoy	Buoy
Canoe	Kanu
Crew	Posada
Dock	Dok
Engine	Motor
Ferry	Trajekt
Kayak	Kajak
Lake	Jezero
Mast	Jarbol
Nautical	Nautički
Ocean	Ocean
Raft	Splav
River	Rijeka
Rope	Uže
Sailboat	Jedrilica
Sailor	Mornar
Sea	More
Tide	Plima
Yacht	Jahta

Books
Knjige

Adventure	Avantura
Author	Autor
Collection	Zbirka
Context	Kontekst
Duality	Dualitet
Epic	Epski
Historical	Historijski
Humorous	Humoran
Inventive	Inventivno
Literary	Književno
Narrator	Narator
Novel	Roman
Page	Stranica
Poem	Poema
Poetry	Poezija
Reader	Čitač
Series	Serija
Story	Priča
Tragic	Tragično
Written	Napisano

Buildings
Zgrade

Apartment	Stan
Barn	Barn
Cabin	Kabina
Castle	Dvorac
Cinema	Bioskop
Embassy	Ambasade
Factory	Fabrika
Hospital	Bolnica
Hostel	Hostel
Hotel	Hotel
Laboratory	Laboratorija
Museum	Muzej
Observatory	Opservatorij
School	Škola
Stadium	Stadion
Supermarket	Supermarket
Tent	Šator
Theater	Pozorište
Tower	Toranj
University	Univerzitet

Business
Biznisni Fax

Budget	Budžet
Career	Karijera
Company	Firma:
Cost	Kost
Currency	Valuta
Discount	Popust
Economics	Ekonomija
Employee	Zaposleni
Employer	Poslodavac
Factory	Fabrika
Finance	Finansije
Income	Prihod
Investment	Ulaganje
Manager	Menadžer
Merchandise	Roba
Money	Novac
Office	Kancelarija
Sale	Prodaja
Shop	Prodavnica
Taxes	Porezi

Camping
Kampovanje

Adventure	Avantura
Animals	Životinje
Cabin	Kabina
Canoe	Kanu
Compass	Kompas
Fire	Pali!
Forest	Šuma
Fun	Zabava
Hammock	Hammock
Hat	Šešir
Hunting	Lov
Insect	Insekt
Lake	Jezero
Map	Mapa
Moon	Mjesec
Mountain	Planina
Nature	Priroda
Rope	Uže
Tent	Šator
Trees	Drveće

Chemistry
Hemija

Acid	Kiselina
Alkaline	Alkalna
Atomic	Atomski
Carbon	Ugljik
Catalyst	Katalizator
Chlorine	Hlor
Electron	Elektron
Enzyme	Enzim
Gas	Gas
Heat	Toplota
Hydrogen	Vodik
Ion	Ion
Liquid	Liquid
Molecule	Molekula
Nuclear	Nuklearni
Organic	Organski
Oxygen	Kisik
Salt	So
Temperature	Temperatura
Weight	Težina

Chocolate
Čokolada

Antioxidant	Antioksidant
Aroma	Aroma
Bitter	Gorak
Cacao	Cacao
Calories	Kalorije
Candy	Slatkiš
Caramel	Karamel
Coconut	Kokos
Craving	Žudnja
Delicious	Ukusno
Exotic	Egzotično
Favorite	Favorit
Ingredient	Sastojak
Peanuts	Kikiriki
Quality	Kvalitet
Recipe	Recept
Sugar	Šećer
Sweet	Slatko
Taste	Ukus

Clothes
Odjeća

Apron	Kecelja
Belt	Kaiš
Blouse	Bluza
Bracelet	Narukvica
Coat	Kaput
Dress	Haljina
Fashion	Moda
Gloves	Rukavice
Hat	Šešir
Jacket	Jakna
Jeans	Farmerke
Jewelry	Nakit
Pajamas	Pidžama
Pants	Hlače
Sandals	Sandale
Scarf	Šal
Shirt	Košulja
Shoe	Cipela
Skirt	Suknja
Sweater	Džemper

Colors
Boje

Azure	Azure
Beige	Bež
Black	Crna
Blue	Plava
Brown	Brown
Cyan	Cyan
Fuchsia	Fuksija
Green	Zeleno
Grey	Siva
Indigo	Indigo
Magenta	Magenta
Orange	Narandžasto
Pink	Roze
Purple	Purpurno
Red	Crven
Sepia	Sepia
Violet	Violet
White	Bela
Yellow	Žuto

Countries #1
Zemlje # 1

Brazil	Brazil
Canada	Kanada
Egypt	Egipat
Finland	Finska
Germany	Njemačka
Iraq	Irak
Israel	Izrael
Italy	Italija
Latvia	Latvija
Libya	Libija
Morocco	Maroko
Nicaragua	Nikaragva
Norway	Norveška
Panama	Panama
Poland	Poljska
Romania	Rumunija
Senegal	Senegal
Spain	Španija
Venezuela	Venecuela
Vietnam	Vijetnam

Countries #2
Zemlje Broj 2

Albania	Albanija
Denmark	Danska
Ethiopia	Etiopija
Greece	Grčka
Haiti	Haiti
Jamaica	Jamajka
Japan	Japan
Laos	Laos
Lebanon	Libanon
Liberia	Liberija
Mexico	Meksiko
Nepal	Nepal
Nigeria	Nigerija
Pakistan	Pakistan
Russia	Rusija
Somalia	Somalija
Sudan	Sudan
Syria	Sirija
Uganda	Uganda
Ukraine	Ukrajina

Creativity
Kreativnost

Artistic	Umjetnički
Authenticity	Autentičnost
Clarity	Jasnoća
Dramatic	Dramaticno
Emotions	Emocije
Expression	Izraz
Fluidity	Fluidnost
Ideas	Ideje
Image	Slika
Imagination	Mašta
Impression	Utisak
Inspiration	Inspiracija
Intensity	Intenzitet
Intuition	Intuicija
Inventive	Inventivno
Sensation	Senzacija
Skill	Vještina
Spontaneous	Spontano
Visions	Vizije
Vitality	Vitalnost

Days and Months
Dani i Mjeseci

April	April
August	Avgust
Calendar	Kalendar
February	Februar
Friday	Petak
January	Januar
July	Juli
March	Mart
Monday	Ponedjeljak
Month	Mjesec
November	Novembar
October	Oktobar
Saturday	Subota
September	Septembar
Sunday	Nedjelja
Thursday	Četvrtak
Tuesday	Utorak
Wednesday	Srijeda
Week	Sedmicu
Year	Godina

Diplomacy
Diplomatija

Adviser	Savjetnik
Ambassador	Ambasador
Citizens	Građani
Civic	Građanski
Community	Zajednica
Conflict	Sukob
Cooperation	Saradnja
Diplomatic	Diplomatski
Discussion	Diskusija
Embassy	Ambasade
Ethics	Etika
Government	Vlada
Humanitarian	Humanitarac
Integrity	Integritet
Justice	Pravda
Politics	Politika
Resolution	Rezolucija
Security	Sigurnost
Solution	Rješenje
Treaty	Ugovor

Disease
Bolesti

Allergies	Alergije
Bacterial	Bakterijski
Body	Telo
Bones	Kosti
Contagious	Zarazno
Genetic	Genetski
Health	Zdravlje
Heart	Srce
Hereditary	Nasljedno
Immunity	Imunitet
Inflammation	Upala
Lumbar	Lumbar
Neuropathy	Neuropatija
Pathogens	Patogeni
Respiratory	Respiratorni
Sinus	Sinus
Syndrome	Sindrom
Therapy	Terapija
Weak	Slab
Wellness	Wellness

Driving
Vožnja

Accident	Nesreća
Brakes	Kočnice
Car	Auto
Danger	Opasnost
Driver	Vozač
Fuel	Gorivo
Garage	Garaža
Gas	Gas
License	Licenca
Map	Mapa
Motor	Motor
Motorcycle	Motocikl
Pedestrian	Pješak
Police	Policija
Road	Cesta
Safety	Sigurnost
Speed	Brzina
Traffic	Saobraćaj
Truck	Kamion
Tunnel	Tunel

Ecology
Ekologija

Climate	Klima
Communities	Zajednice
Diversity	Raznolikost
Drought	Suša
Fauna	Fauna
Flora	Flora
Global	Globalno
Habitat	Stanište
Marine	Marine
Marsh	Marsh
Mountains	Planine
Natural	Prirodno
Nature	Priroda
Plants	Biljke
Resources	Resursi
Species	Vrsta
Survival	Opstanak
Sustainable	Održivo
Vegetation	Vegetacija
Volunteers	Volonteri

Electricity
Elektricitet

Battery	Baterija
Bulb	Sijalica
Cable	Kabl
Electric	Električni
Electrician	Električar
Equipment	Oprema
Generator	Generator
Lamp	Lampa
Laser	Laser
Magnet	Magnet
Negative	Negativno
Network	Mreža
Objects	Objekti
Positive	Pozitivno
Quantity	Količina
Socket	Socket
Storage	Skladište
Telephone	Telefon
Television	Televizija
Wires	Žice

Energy
Energija

Battery	Baterija
Carbon	Ugljik
Diesel	Dizel
Electric	Električni
Electron	Elektron
Entropy	Entropija
Environment	Okruženje
Fuel	Gorivo
Gasoline	Benzin
Heat	Toplota
Hydrogen	Vodik
Industry	Industrija
Motor	Motor
Nuclear	Nuklearni
Photon	Foton
Pollution	Zagađenje
Renewable	Obnovljivo
Steam	Para
Turbine	Turbina
Wind	Vjetar

Engineering
Inženjering

Angle	Ugao
Axis	Osa
Calculation	Izračun
Construction	Gradnja
Depth	Dubina
Diagram	Dijagram
Diameter	Diameter
Diesel	Dizel
Dimensions	Dimenzije
Distribution	Distribucija
Energy	Energija
Levers	Poluge
Liquid	Liquid
Machine	Mašina
Measurement	Merenje
Motor	Motor
Propulsion	Pogon
Stability	Stabilnost
Strength	Strength
Structure	Struktura

Family
Porodično Ime

Ancestor	Predak
Aunt	Tetka
Brother	Brate
Child	Dijete
Childhood	Djetinje
Children	Djeca
Cousin	Rođak
Daughter	Kćerka
Grandchild	Unuče
Grandfather	Djed
Grandson	Unuk
Husband	Suprug
Maternal	Majčinska
Mother	Majka
Nephew	Nećak
Niece	Nećakinja
Paternal	Paternal
Sister	Sestra
Uncle	Ujak
Wife	Supruga

Farm #1
Farma # 1

Agriculture	Poljoprivreda
Bee	Pčela
Bison	Bizon
Calf	Tele
Cat	Mačka
Chicken	Kokoš
Cow	Krava
Crow	Vrana
Dog	Pas
Donkey	Magarac
Fence	Ograda
Fertilizer	Đubrivo
Field	Polje
Goat	Koza
Hay	Sijeno
Honey	Med
Horse	Konj
Rice	Riža
Seeds	Sjeme
Water	Voda

Farm #2
Farma #2

Animals	Životinje
Barley	Ječam
Barn	Barn
Beehive	Košnica
Corn	Kukuruz
Duck	Patka
Farmer	Farmer
Food	Hrana
Fruit	Voće
Irrigation	Navodnjavanje
Lamb	Jamb
Llama	Llama
Meadow	Livada
Milk	Mlijeko
Orchard	Voćnjak
Sheep	Ovce
Shepherd	Pastir
Tractor	Traktor
Vegetable	Povrće
Wheat	Pšenica

Flowers
Cvijeće

Bouquet	Buket
Calendula	Calendula
Clover	Clover
Daffodil	Daffodil
Daisy	Tratinčica
Dandelion	Maslačak
Gardenia	Gardenia
Hibiscus	Hibiskus
Jasmine	Jasmine
Lavender	Lavanda
Lilac	Jorgovan
Lily	Lily
Magnolia	Magnolija
Orchid	Orhideja
Peony	Peony
Petal	Petal
Plumeria	Plumeria
Poppy	Poppy
Sunflower	Suncokret
Tulip	Tulip

Food #1
Hrana # 1

Apricot	Marelica
Barley	Ječam
Basil	Basile
Carrot	Mrkva
Cinnamon	Cimet
Garlic	Češnjak
Juice	Sok
Lemon	Limun
Milk	Mlijeko
Onion	Luk
Peanut	Kikiriki
Pear	Kruška
Salad	Salata
Salt	So
Soup	Supa
Spinach	Špinat
Strawberry	Jagoda
Sugar	Šećer
Tuna	Tuna
Turnip	Repa

Food #2
Hrana # 2

Apple	Jabuka
Artichoke	Artičoka
Banana	Banana
Broccoli	Brokula
Celery	Celer
Cheese	Sir
Cherry	Trešnja
Chicken	Kokoš
Chocolate	Čokolada
Egg	Jaje
Eggplant	Patlidžan
Fish	Riba
Grape	Grožđe
Ham	Šunka
Kiwi	Kivi
Mushroom	Gljiva
Rice	Riža
Tomato	Paradajz
Wheat	Pšenica
Yogurt	Jogurt

Force and Gravity
Sila i Gravitacija

Axis	Osa
Center	Centar
Discovery	Otkriće
Distance	Razdaljina
Dynamic	Dinamički
Expansion	Proširenje
Friction	Trenje
Impact	Udar
Magnetism	Magnetizam
Mechanics	Mehanika
Momentum	Momentum
Motion	Kretanje
Orbit	Orbita
Physics	Fizika
Pressure	Pritisak
Properties	Osobine
Speed	Brzina
Time	Vrijeme
Universal	Univerzalni
Weight	Težina

Fruit
Voće.

Apple	Jabuka
Apricot	Marelica
Avocado	Avokado
Banana	Banana
Berry	Berry
Cherry	Trešnja
Coconut	Kokos
Fig	Fig
Grape	Grožđe
Guava	Guava
Kiwi	Kivi
Lemon	Limun
Mango	Mango
Melon	Dinja
Nectarine	Nektarin
Papaya	Papaya
Peach	Breskvica
Pear	Kruška
Pineapple	Ananas
Raspberry	Malina

Garden
Vrt

Bench	Klupa
Bush	Grm
Fence	Ograda
Flower	Cvijet
Garage	Garaža
Garden	Bašta
Grass	Trava
Hammock	Hammock
Hose	Crijevo
Lawn	Travnjak
Orchard	Voćnjak
Pond	Pond
Rake	Rake
Shovel	Lopata
Soil	Zemlja
Terrace	Terasa
Trampoline	Trampolin
Tree	Drvo
Vine	Vine
Weeds	Korov

Gardening
Vrtlarstvo

Blossom	Blossom
Botanical	Botanički
Bouquet	Buket
Climate	Klima
Compost	Kompost
Container	Kontejner
Dirt	Blato
Edible	Jestivo
Exotic	Egzotično
Floral	Cvjetni
Foliage	Lišće
Hose	Crijevo
Leaf	List
Moisture	Vlaga
Orchard	Voćnjak
Seasonal	Sezonski
Seeds	Sjeme
Soil	Zemlja
Species	Vrsta
Water	Voda

Geography
Bibliografija

Altitude	Visina
Atlas	Atlas
City	Grad
Continent	Kontinent
Country	Zemlja
Hemisphere	Hemisfera
Island	Island
Latitude	Latitude
Map	Mapa
Meridian	Meridijan
Mountain	Planina
North	Sjever
Ocean	Ocean
Region	Region
River	Rijeka
Sea	More
South	Jug
Territory	Teritorija
West	Zapad
World	Svijet

Geology
Geologija

Acid	Kiselina
Calcium	Kalcij
Cavern	Pećina
Continent	Kontinent
Coral	Koral
Crystals	Kristali
Cycles	Ciklusi
Earthquake	Zemljotres
Erosion	Erozija
Fossil	Fosil
Geyser	Gejzir
Lava	Lava
Layer	Sloj
Minerals	Minerali
Plateau	Plateau
Quartz	Kvarc
Salt	So
Stalactite	Stalaktit
Stone	Stone
Volcano	Vulkan

Geometry
Geometrija

Angle	Ugao
Calculation	Izračun
Circle	Krug
Curve	Krivina
Diameter	Diameter
Dimension	Dimenzija
Equation	Jednačina
Height	Visina
Horizontal	Horizontalno
Logic	Logika
Mass	Mass
Median	Medijan
Number	Broj
Parallel	Paralelno
Proportion	Proporcija
Segment	Segment
Surface	Površina
Symmetry	Simetrija
Theory	Teorija
Triangle	Trougao

Global Warming
Globalno Zagrijavanje

Arctic	Arktik
Attention	Pažnja
Changes	Promjene
Climate	Klima
Crisis	Kriza
Data	Podaci
Development	Razvoj
Energy	Energija
Future	Budućnost
Gas	Gas
Generations	Generacije
Government	Vlada
Habitats	Staništa
Industry	Industrija
International	Međunarodni
Legislation	Zakonodavstvo
Now	Sada
Populations	Populacije
Scientist	Naučnik
Temperatures	Temperature

Government
Vlada

Citizenship	Državljanstvo
Civil	Civil
Constitution	Ustav
Democracy	Demokratija
Discussion	Diskusija
Equality	Jednakost
Independence	Nezavisnost
Judicial	Sudski
Justice	Pravda
Law	Zakon
Leader	Vođa
Liberty	Sloboda
Monument	Spomenik
Nation	Nacija
Peaceful	Mirno
Politics	Politika
Rights	Prava
Speech	Govor
State	Stanje
Symbol	Simbol

Hair Types
Tipovi za Kosu

Bald	Ćelav
Black	Crna
Blond	Plava
Braided	Braided
Braids	Pletenice
Brown	Brown
Colored	Obojeno
Curls	Kovrče
Curly	Curly
Dry	Suho
Gray	Siva
Healthy	Zdrav
Long	Dugo
Short	Kratko
Soft	Meko
Thick	Debeo
Thin	Tanak
White	Bela

Health and Wellness #1
Zdravlje i Wellness #1

Active	Aktivno
Bacteria	Bakterije
Bones	Kosti
Clinic	Klinika
Doctor	Doktor
Fracture	Fraktura
Habit	Navika
Height	Visina
Hormones	Hormoni
Hunger	Glad
Injury	Povreda
Medicine	Lijek
Muscles	Mišići
Pharmacy	Apoteka
Reflex	Refleks
Relaxation	Opuštanje
Skin	Koža
Therapy	Terapija
Treatment	Tretman
Virus	Virus

Health and Wellness #2
Zdravlje i Wellness #2

Allergy	Alergija
Anatomy	Anatomija
Appetite	Apetit
Blood	Krv
Calorie	Kalorija
Dehydration	Dehidracija
Diet	Dijeta
Disease	Bolest
Energy	Energija
Genetics	Genetika
Healthy	Zdrav
Hospital	Bolnica
Hygiene	Higijena
Infection	Infekcija
Massage	Masaža
Nutrition	Ishrana
Recovery	Oporavak
Stress	Stres
Vitamin	Vitamin
Weight	Težina

Herbalism
Herbalizam

Aromatic	Aromaticno
Basil	Basile
Beneficial	Korisno
Culinary	Kulinarski
Fennel	Komorač
Flavor	Ukus
Flower	Cvijet
Garden	Bašta
Garlic	Češnjak
Green	Zeleno
Ingredient	Sastojak
Lavender	Lavanda
Marjoram	Marjoram
Mint	Menta
Oregano	Origano
Parsley	Peršun
Plant	Biljka
Rosemary	Rosemary
Saffron	Šafran
Tarragon	Estragon

Hiking
Planinarenje

Animals	Životinje
Boots	Čizme
Camping	Kampiranje
Cliff	Cliff
Climate	Klima
Guides	Vodiči
Hazards	Opasnosti
Heavy	Teška
Map	Mapa
Mountain	Planina
Nature	Priroda
Orientation	Orijentacija
Parks	Parkovi
Preparation	Priprema
Stones	Kamenje
Summit	Samit
Sun	Sunce
Tired	Umoran
Water	Voda
Wild	Divlji

House
Kuća

Attic	Tavan
Broom	Metla
Curtains	Zavjese
Door	Vrata
Fence	Ograda
Fireplace	Kamin
Floor	Floor
Furniture	Namještaj
Garage	Garaža
Garden	Bašta
Keys	Ključeve
Kitchen	Kuhinja
Lamp	Lampa
Library	Biblioteka
Mirror	Ogledalo
Roof	Krov
Room	Soba
Shower	Tuš
Wall	Zid
Window	Prozor

Human Body
Ljudsko Tijelo

Ankle	Gležanj
Blood	Krv
Bones	Kosti
Brain	Mozak
Chin	Chin
Ear	Uho
Elbow	Lakat
Face	Lice
Finger	Finger
Hand	Ruka
Head	Glava
Heart	Srce
Jaw	Čeljust
Knee	Koljeno
Leg	Noga
Mouth	Usta
Neck	Vrat
Nose	Nos
Shoulder	Rame
Skin	Koža

Insects
Insekti

Ant	Ant
Aphid	Aphid
Bee	Pčela
Beetle	Buba
Butterfly	Leptir
Cicada	Cicada
Cockroach	Bubašvaba
Dragonfly	Dragonfly
Flea	Buha
Grasshopper	Skakavac
Hornet	Stršljen
Ladybug	Ladybug
Larva	Larva
Locust	Locust
Mantis	Mantis
Mosquito	Komarac
Moth	Molj
Termite	Termit
Wasp	Wasp
Worm	Crv

Jazz
Džez

Album	Album
Applause	Aplauz
Artist	Umjetnik
Composer	Kompozitor
Composition	Sastav
Concert	Koncert
Drums	Bubnjevi
Emphasis	Naglasak
Famous	Čuven
Favorites	Favoriti
Improvisation	Improvizacija
Music	Muzika
New	Novo
Old	Star
Orchestra	Orkestar
Rhythm	Ritam
Song	Pjesma
Style	Stil
Talent	Dar
Technique	Tehnika

Kitchen
Kuhinja

Apron	Kecelja
Bowl	Bowl
Cups	Šolje
Food	Hrana
Forks	Forks
Freezer	Zamrzivač
Grill	Roštilj
Jar	Jar
Jug	Jug
Kettle	Čajnik
Knives	Noževi
Ladle	Ladle
Napkin	Salveta
Oven	Pecnica
Recipe	Recept
Refrigerator	Frižider
Spices	Začini
Sponge	Sunđer
Spoons	Kašike

Landscapes
Krajolici

Beach	Plaža
Cave	Pećina
Desert	Pustinja
Geyser	Gejzir
Glacier	Ledenjak
Hill	Brdo
Iceberg	Santa Leda
Island	Island
Lake	Jezero
Mountain	Planina
Oasis	Oasis
Ocean	Ocean
Peninsula	Poluotok
River	Rijeka
Sea	More
Swamp	Močvara
Tundra	Tundra
Valley	Dolina
Volcano	Vulkan
Waterfall	Vodopad

Literature
Književnost

Analogy	Analogija
Analysis	Analiza
Anecdote	Anegdota
Author	Autor
Biography	Biografija
Comparison	Poređenje
Conclusion	Zaključak
Description	Opis
Dialogue	Dijalog
Fiction	Fikcija
Metaphor	Metafora
Narrator	Narator
Novel	Roman
Poem	Poema
Poetic	Poetika
Rhyme	Rima
Rhythm	Ritam
Style	Stil
Theme	Tema
Tragedy	Tragedija

Mammals
Sisavci

Bear	Bear
Beaver	Biver
Bull	Bik
Cat	Mačka
Coyote	Kojot
Dog	Pas
Dolphin	Delfin
Elephant	Slon
Fox	Lisica
Giraffe	Žirafa
Gorilla	Gorila
Horse	Konj
Kangaroo	Kengur
Lion	Lav
Monkey	Majmun
Rabbit	Zec
Sheep	Ovce
Whale	Kit
Wolf	Vuk
Zebra	Zebra

Math
Matematiäťki

Angles	Uglovi
Arithmetic	Aritmetika
Circumference	Obim
Decimal	Decimalni
Diameter	Diameter
Equation	Jednačina
Exponent	Exponent
Geometry	Geometrija
Numbers	Brojevi
Parallel	Paralelno
Parallelogram	Paralelogram
Perimeter	Perimetar
Polygon	Poligon
Radius	Radijus
Rectangle	Pravougaonik
Square	Kvadrat
Sum	Suma
Symmetry	Simetrija
Triangle	Trougao
Volume	Volume

Measurements
Mjerenja

Byte	Bajt
Centimeter	Centimetar
Decimal	Decimalni
Degree	Stepen
Depth	Dubina
Gram	Gram
Height	Visina
Inch	Inch
Kilogram	Kilogram
Kilometer	Kilometar
Length	Dužina
Liter	Litar
Mass	Mass
Meter	Meter
Minute	Minuta
Ounce	Unca
Ton	Tona
Volume	Volume
Weight	Težina
Width	Širina

Music
Muzika

Album	Album
Ballad	Balada
Chorus	Hor
Classical	Klasika
Harmonic	Harmonik
Harmony	Harmonija
Instrument	Instrument
Lyrical	Lirski
Melody	Melodija
Microphone	Mikrofon
Musical	Mjuzikl
Musician	Muzičar
Opera	Opera
Poetic	Poetika
Recording	Snimanje
Rhythm	Ritam
Rhythmic	Ritmički
Sing	Pjevati
Singer	Singer
Vocal	Vokal

Musical Instruments
Muziäťki Instrumenti

Banjo	Banjo
Bassoon	Fagot
Cello	Čelo
Clarinet	Klarinet
Drum	Bubanj
Flute	Flauta
Gong	Gong
Guitar	Gitara
Harmonica	Harmonika
Harp	Harp
Mandolin	Mandolina
Marimba	Marimba
Oboe	Oboe
Percussion	Udaraljke
Piano	Klavir
Saxophone	Saksofon
Tambourine	Tambura
Trombone	Trombon
Trumpet	Truba
Violin	Violinu

Mythology
Mitologija

Archetype	Arhetip
Behavior	Ponašanje
Creation	Stvaranje
Creature	Stvorenje
Culture	Kultura
Disaster	Katastrofa
Heaven	Nebo
Hero	Junak
Immortality	Besmrtnost
Jealousy	Ljubomora
Labyrinth	Labirint
Legend	Legenda
Lightning	Munja
Monster	Čudovište
Mortal	Smrtnik
Revenge	Osveta
Strength	Strength
Thunder	Thunder
Triumphant	Trijumfa
Warrior	Ratnik

Nature
Priroda

Animals	Životinje
Arctic	Arktik
Beauty	Ljepota
Bees	Pčele
Cliffs	Litice
Clouds	Oblaci
Desert	Pustinja
Dynamic	Dinamički
Erosion	Erozija
Fog	Magla
Foliage	Lišće
Forest	Šuma
Glacier	Ledenjak
Mountains	Planine
Peaceful	Mirno
River	Rijeka
Sanctuary	Svetište
Serene	Serene
Tropical	Tropski
Wild	Divlji

Numbers
Brojevi

Decimal	Decimalni
Eight	Osam
Eighteen	Osamnaest
Fifteen	Petnaest
Five	Pet
Four	Četiri
Fourteen	Četrnaest
Nine	Devet
Nineteen	Devetnaest
One	Jedan
Seven	Sedam
Seventeen	Sedamnaest
Six	Šest
Sixteen	Šesnaest
Ten	Deset
Thirteen	Trinaest
Three	Tri
Twelve	Dvanaest
Twenty	Dvadeset
Two	Dva

Nutrition
Ishrana

Appetite	Apetit
Balanced	Balans
Bitter	Gorak
Calories	Kalorije
Diet	Dijeta
Digestion	Probava
Edible	Jestivo
Fermentation	Fermentacija
Flavor	Ukus
Health	Zdravlje
Healthy	Zdrav
Liquids	Tečnosti
Nutrient	Nutrient
Proteins	Proteini
Quality	Kvalitet
Sauce	Sos
Spices	Začini
Toxin	Toksin
Vitamin	Vitamin
Weight	Težina

Ocean
Ocean.

Algae	Alge
Coral	Koral
Crab	Rak
Dolphin	Delfin
Eel	Jegulja
Fish	Riba
Jellyfish	Meduza
Octopus	Hobotnica
Oyster	Oyster
Reef	Greben
Salt	So
Seaweed	Seaweed
Shark	Ajkula
Shrimp	Škamp
Sponge	Sunđer
Storm	Oluja
Tides	Plime
Tuna	Tuna
Turtle	Kornjača
Whale	Kit

Philanthropy
Filantropija

Challenges	Izazovi
Charity	Charity
Children	Djeca
Community	Zajednica
Contacts	Kontakti
Donate	Donirati
Finance	Finansije
Funds	Sredstva
Generosity	Velikodušnost
Global	Globalno
Goals	Ciljevi
Groups	Grupe
History	Istorija
Honesty	Iskrenost
Humanity	Čovječnost
Mission	Misija
People	Ljudi
Programs	Programi
Public	Javno
Youth	Mladost

Photography
Bibliografija

Black	Crna
Camera	Kamera
Color	Boja
Composition	Sastav
Contrast	Kontrast
Darkness	Tama
Definition	Definicija
Exhibition	Izložba
Format	Format
Frame	Okvir
Lighting	Rasvjeta
Object	Objekt
Perspective	Perspektiva
Portrait	Portret
Shadows	Sjene
Soften	Omekšati
Subject	Predmet
Texture	Tekstura
Visual	Vizuelni

Physics
Fizika

Acceleration	Ubrzanje
Atom	Atom
Chaos	Haos
Chemical	Hemijski
Density	Gustina
Electron	Elektron
Engine	Motor
Expansion	Proširenje
Formula	Formula
Frequency	Učestalost
Gas	Gas
Magnetism	Magnetizam
Mass	Mass
Mechanics	Mehanika
Molecule	Molekula
Nuclear	Nuklearni
Particle	Čestica
Relativity	Relativnost
Speed	Brzina
Universal	Univerzalni

Plants
Biljke

Bamboo	Bambus
Bean	Grah
Berry	Berry
Botany	Botanika
Bush	Grm
Cactus	Kaktus
Fertilizer	Đubrivo
Flora	Flora
Flower	Cvijet
Foliage	Lišće
Forest	Šuma
Garden	Bašta
Grass	Trava
Ivy	Bršljan
Moss	Moss
Petal	Latica
Root	Root
Stem	Stem
Tree	Drvo
Vegetation	Vegetacija

Professions #1
Profesije #1

Ambassador	Ambasador
Astronomer	Astronom
Banker	Bankar
Cartographer	Kartograf
Coach	Trener
Dancer	Dancer
Doctor	Doktor
Editor	Urednik
Firefighter	Vatrogasac
Geologist	Geolog
Hunter	Lovac
Jeweler	Zlatar
Lawyer	Advokat
Musician	Muzičar
Nurse	Sestro.
Pianist	Pijanist
Psychologist	Psiholog
Sailor	Mornar
Tailor	Krojač
Veterinarian	Veterinar

Professions #2
Profesije #2

Astronaut	Astronaut
Biologist	Biolog
Dentist	Zubar
Detective	Detektiv
Engineer	Inženjer
Farmer	Farmer
Gardener	Vrtlar
Illustrator	Ilustrator
Inventor	Izumitelj
Journalist	Novinar
Librarian	Bibliotekar
Linguist	Lingvist
Painter	Slikar
Philosopher	Filozof
Photographer	Fotograf
Physician	Doktor
Pilot	Pilot
Surgeon	Hirurg
Teacher	Učitelj
Zoologist	Zoolog

Psychology
Psihologija

Appointment	Sastanak
Assessment	Procjena
Behavior	Ponašanje
Childhood	Djetinje
Clinical	Klinički
Cognition	Spoznaja
Conflict	Sukob
Dreams	Snovi
Ego	Ego
Emotions	Emocije
Experiences	Iskustva
Ideas	Ideje
Perception	Percepcija
Personality	Ličnost
Problem	Problem
Reality	Stvarnost
Sensation	Senzacija
Therapy	Terapija
Thoughts	Misli
Unconscious	Nesvjesno

Rainforest
Kišna Šuma

Amphibians	Vodozemci
Birds	Ptice
Botanical	Botanički
Climate	Klima
Clouds	Oblaci
Community	Zajednica
Diversity	Raznolikost
Indigenous	Autohtoni
Insects	Insekti
Jungle	Džungla
Mammals	Sisari
Moss	Moss
Nature	Priroda
Preservation	Očuvanje
Refuge	Utočište
Restoration	Restauracija
Species	Vrsta
Survival	Opstanak
Valuable	Vrijedno

Science
Nauka

Atom	Atom
Chemical	Hemijski
Climate	Klima
Data	Podaci
Evolution	Evolucija
Experiment	Eksperiment
Fact	Činjenica
Fossil	Fosil
Gravity	Gravitacija
Hypothesis	Hipoteza
Laboratory	Laboratorija
Method	Metoda
Minerals	Minerali
Molecules	Molekule
Nature	Priroda
Organism	Organizam
Particles	Čestice
Physics	Fizika
Plants	Biljke
Scientist	Naučnik

Science Fiction
Znanstvena Fantastika

Atomic	Atomic
Books	Knjige
Chemicals	Hemikalije
Cinema	Bioskop
Dystopia	Distopija
Explosion	Eksplozija
Extreme	Extreme
Fantastic	Fantastično
Fire	Pali!
Futuristic	Futuristički
Galaxy	Galaksija
Illusion	Iluzija
Imaginary	Imaginarno
Mysterious	Misteriozno
Oracle	Oracle
Planet	Planeta
Robots	Roboti
Technology	Tehnologija
Utopia	Utopija
World	Svijet

Scientific Disciplines
Naučne Discipline

Anatomy	Anatomija
Archaeology	Arheologija
Astronomy	Astronomija
Biochemistry	Biohemija
Biology	Biologija
Botany	Botanika
Chemistry	Hemija
Ecology	Ekologija
Geology	Geologija
Immunology	Imunologija
Kinesiology	Kineziologija
Linguistics	Lingvistika
Mechanics	Mehanika
Mineralogy	Mineralogija
Neurology	Neurologija
Physiology	Fiziologija
Psychology	Psihologija
Sociology	Sociologija
Thermodynamics	Termodinamika
Zoology	Zoologija

Shapes
Oblici

Arc	Arc
Circle	Krug
Cone	Cone
Corner	Ugao
Cube	Kocka
Curve	Krivina
Cylinder	Cilindar
Edges	Ivice
Ellipse	Elipsa
Hyperbola	Hiperbola
Line	Linija
Oval	Ovalni
Polygon	Poligon
Prism	Prism
Pyramid	Piramide
Rectangle	Pravougaonik
Side	Strana
Square	Kvadrat
Triangle	Trougao

Spices
Unit-Format

Anise	Anis
Bitter	Gorak
Cardamom	Kardamom
Cinnamon	Cimet
Clove	Clove
Coriander	Coriander
Cumin	Cumin
Curry	Curry
Fennel	Komorač
Fenugreek	Fenugreek
Flavor	Ukus
Garlic	Češnjak
Ginger	Ginger
Nutmeg	Muškat
Onion	Luk
Paprika	Paprika
Saffron	Šafran
Salt	So
Sweet	Slatko
Vanilla	Vanilija

Technology
Tehnologija

Blog	Blog
Browser	Preglednik
Bytes	Bajtova
Camera	Kamera
Computer	Računar
Cursor	Kursor
Data	Podaci
Digital	Digitalno
File	Fajl
Font	Font
Internet	Internet
Message	Poruka
Research	Istraživanje
Screen	Ekran
Security	Sigurnost
Software	Softver
Statistics	Statistika
Virtual	Virtualno
Virus	Virus

The Company
Kompanija

Business	Posao
Creative	Kreativan
Decision	Odluka
Employment	Zapošljavanje
Global	Globalno
Industry	Industrija
Innovative	Inovativno
Investment	Ulaganje
Possibility	Mogućnost
Presentation	Prezentacija
Product	Proizvod
Professional	Profesionalno
Progress	Napredak
Quality	Kvalitet
Reputation	Ugled
Resources	Resursi
Revenue	Prihod
Risks	Rizici
Trends	Trendovi
Units	Jedinice

The Media
Mediji

Attitudes	Stavovi
Commercial	Komercijalno
Communication	Komunikacija
Digital	Digitalno
Edition	Izdanje
Education	Obrazovanje
Facts	Činjenice
Funding	Finansiranje
Industry	Industrija
Intellectual	Intelektualno
Local	Lokalni
Magazines	Časopisi
Network	Mreža
Newspapers	Novine
Online	Online
Opinion	Mišljenje
Photos	Slike
Public	Javno
Radio	Radio
Television	Televizija

Time
Vrijeme

Annual	Godišnji
Before	Prije
Calendar	Kalendar
Century	Century
Day	Dan
Decade	Decenija
Early	Rano
Future	Budućnost
Hour	Sat
Minute	Minuta
Month	Mjesec
Morning	Jutro
Night	Noć
Noon	Podne
Now	Sada
Soon	Uskoro
Today	Danas
Week	Sedmicu
Year	Godina
Yesterday	Juče

Town
Grad

Airport	Aerodrom
Bakery	Pekara
Bank	Banka
Bookstore	Knjižara
Cinema	Bioskop
Clinic	Klinika
Florist	Cvjećar
Gallery	Galerija
Hotel	Hotel
Library	Biblioteka
Market	Tržište
Museum	Muzej
Pharmacy	Apoteka
School	Škola
Stadium	Stadion
Store	Prodavnica
Supermarket	Supermarket
Theater	Pozorište
University	Univerzitet
Zoo	Zoo

Universe
Univerzum

Asteroid	Asteroid
Astronomer	Astronom
Astronomy	Astronomija
Atmosphere	Atmosfera
Celestial	Nebeski
Cosmic	Cosmic
Darkness	Tama
Eon	Eon
Galaxy	Galaksija
Hemisphere	Hemisfera
Horizon	Horizont
Latitude	Latitude
Moon	Mjesec
Orbit	Orbita
Sky	Nebo
Solar	Solarno
Solstice	Solsticij
Telescope	Teleskop
Visible	Vidljiv
Zodiac	Zodiac

Vacation #2
Odmor # 2

Airport	Aerodrom
Beach	Plaža
Camping	Kampiranje
Destination	Odredište
Foreign	Strani
Foreigner	Stranac
Hotel	Hotel
Island	Island
Journey	Putovanje
Leisure	Leisure
Map	Mapa
Mountains	Planine
Passport	Pasoš
Restaurant	Restoran
Sea	More
Taxi	Taksi
Tent	Šator
Train	Voz
Transportation	Transport
Visa	Visa

Vegetables
Povrće

Artichoke	Artičoka
Broccoli	Brokula
Carrot	Mrkva
Cauliflower	Karfiol
Celery	Celer
Cucumber	Krastavac
Eggplant	Patlidžan
Garlic	Češnjak
Ginger	Ginger
Mushroom	Gljiva
Onion	Luk
Parsley	Peršun
Pea	Grašak
Pumpkin	Tikva
Radish	Rotkvica
Salad	Salata
Shallot	Shallot
Spinach	Špinat
Tomato	Paradajz
Turnip	Repa

Vehicles
Vozila

Airplane	Avion
Ambulance	Hitna
Bicycle	Bicikl
Boat	Boat
Bus	Autobus
Car	Auto
Caravan	Karavan
Ferry	Trajekt
Helicopter	Helikopter
Motor	Motor
Raft	Splav
Rocket	Raketa
Scooter	Skuter
Shuttle	Šatl
Submarine	Podmornica
Subway	Podzemna
Taxi	Taksi
Tires	Gume
Tractor	Traktor
Truck	Kamion

Weather
Vrijeme

Atmosphere	Atmosfera
Climate	Klima
Cloud	Oblak
Cloudy	Oblačno
Drought	Suša
Dry	Suho
Flood	Poplava
Fog	Magla
Hurricane	Uragan
Ice	Led
Lightning	Munja
Monsoon	Monsun
Polar	Polar
Rainbow	Duga
Sky	Nebo
Storm	Oluja
Temperature	Temperatura
Thunder	Thunder
Tornado	Tornado
Wind	Vjetar

Congratulations

You made it!

We hope you enjoyed this book as much as we enjoyed making it. We do our best to make high quality games.
These puzzles are designed in a clever way for you to learn actively while having fun!

Did you love them?

A Simple Request

Our books exist thanks your reviews. Could you help us by leaving one now?

Here is a short link which will take you to your order review page:

BestBooksActivity.com/Review50

MONSTER CHALLENGE!

Challenge #1

Ready for Your Bonus Game? We use them all the time but they are not so easy to find. Here are **Synonyms**!

Note 5 words you discovered in each of the Puzzles noted below (#21, #36, #76) and try to find 2 synonyms for each word.

Note 5 Words from *Puzzle 21*

Words	Synonym 1	Synonym 2

Note 5 Words from *Puzzle 36*

Words	Synonym 1	Synonym 2

Note 5 Words from *Puzzle 76*

Words	Synonym 1	Synonym 2

Challenge #2

Now that you are warmed-up, note 5 words you discovered in each Puzzle noted below (#9, #17, #25) and try to find 2 antonyms for each word. How many lines can you do in 20 minutes?

Note 5 Words from **Puzzle 9**

Words	Antonym 1	Antonym 2

Note 5 Words from **Puzzle 17**

Words	Antonym 1	Antonym 2

Note 5 Words from **Puzzle 25**

Words	Antonym 1	Antonym 2

Challenge #3

Wonderful, this monster challenge is nothing to you!

Ready for the last one? Choose your 10 favorite words discovered in any of the Puzzles and note them below.

1.	6.
2.	7.
3.	8.
4.	9.
5.	10.

Now, using these words and within a maximum of six sentences, your challenge is to compose a text about a person, animal or place that you love!

Tip: You can use the last blank page of this book as a draft!

Your Writing:

Explore a Unique Store Set Up **FOR YOU!**

MEGA DEALS

BestActivityBooks.com/**TheStore**

Designed for Entertainment!

Light Up Your Brain With Unique **Gift Ideas**.

Access **Surprising** And **Essential Supplies!**

CHECK OUT OUR MONTHLY SELECTION NOW!

- Expertly Crafted Products -

NOTEBOOK:

SEE YOU SOON!

Linguas Classics Team

www.ingramcontent.com/pod-product-compliance
Lightning Source LLC
LaVergne TN
LVHW060315080526
838202LV00053B/4333